Einfach losgehn!

PILGERN AUF DER VIA BALTICA

Einfach losgehn!

PILGERN AUF DER VIA BALTICA

Mit **HEIKE GÖTZ** von Usedom bis Bremen

UNTERWEGS

Haftungsausschluss: Autor und Verlag haben den Inhalt dieses Buches mit großer Sorgfalt und nach bestem Wissen und Gewissen zusammengestellt. Für eventuelle Schäden, die als Folge von Handlungen und/oder gefassten Beschlüssen aufgrund der gegebenen Informationen entstehen, kann dennoch keine Haftung übernommen werden.

Gender-Erklärung: Aus Gründen der besseren Lesbarkeit verzichten wir im Cadmos-Verlag auf die gleichzeitige Verwendung der Sprachformen männlich, weiblich und divers (m/w/d) und wählen jeweils die männliche oder weibliche Form von personenbezogenen Hauptwörtern. Dies soll jedoch keinesfalls eine Geschlechterdiskriminierung oder eine Verletzung des Gleichheitsgrundsatzes zum Ausdruck bringen. Frauen, Männer und Diverse mögen sich von den Inhalten unserer Publikationen gleichermaßen angesprochen fühlen.

IMPRESSUM

UNTERWEGS im CADMOS Verlag

Covergestaltung, grafisches Konzept: Gerlinde Gröll, www.cadmos.de
Layout, Satz: Tanja Bauer, Hantsch PrePress Services OG, Wien
Lektorat: Ing. Barbara P. Meister MA, FachLektor.at, Wien
Coverfotos: Heike Götz und Detlef Lafrentz

Druck: www.graspo.com

Deutsche Nationalbibliothek - CIP-Einheitsaufnahme

Die Deutsche Nationalbibliothek verzeichnet diese Publikation in der Deutschen Nationalbibliografie; detaillierte bibliografische Daten sind im Internet über http://dnb.ddb.de abrufbar.

Printed in EU

Für die Richtigkeit und Aktualität der Angaben wird trotz sorgfältiger Recherche keine Haftung übernommen.

ISBN: 978-3-8404-3064-0

INHALT

6 EINLEITUNG

8 KAPITEL 1: SWINEMÜNDE-GREIFSWALD

TAG 1: Swinemünde-Zirchow 10
TAG 2: Zirchow-Usedom 13
TAG 3: Usedom-Pinnow..................... 15
TAG 4: Pinnow-Hohendorf................. 17
TAG 5: Hohendorf-Kemnitzerhagen .. 21
TAG 6: Kemnitzerhagen-Greifswald .. 22

28 KAPITEL 2: GREIFSWALD-ROSTOCK

TAG 7: Greifswald-Grimmen............... 30
TAG 8: Grimmen-Tribsees 34
TAG 9: Tribsees-Kölzow..................... 37
TAG 10: Kölzow-Sanitz....................... 39
TAG 11: Sanitz-Rostock...................... 42

48 KAPITEL 3: ROSTOCK-LÜBECK

TAG 12: Rostock-Bad Doberan 50
TAG 13: Bad Doberan-Alt Karin........... 54
TAG 14: Alt Karin-Neuburg.................. 57
TAG 15: Neuburg-Wismar 59
TAG 16: Wismar-Grevesmühlen 62
TAG 17: Grevesmühlen-Schönberg 65
TAG 18: Schönberg-Lübeck............... 67

74 KAPITEL 4: LÜBECK-WEDEL

TAG 19: Lübeck-Reinfeld 76
TAG 20: Reinfeld-Nütschau................ 78
TAG 21: Nütschau-Nahe..................... 81
TAG 22: Nahe-Hamburg/Poppenbüttel........................ 84
TAG 23: Hamburg/Poppenbüttel-Hamburg/Zentrum 86
TAG 24: Hamburg/Zentrum-Wedel.... 89

100 KAPITEL 5: WEDEL-BREMEN

TAG 25: Wedel-Harsefeld.................. 102
TAG 26: Harsefeld-Zeven 106
TAG 27: Zeven-Otterstedt.................. 108
TAG 28: Otterstedt-Lilienthal............. 112
TAG 29: Lilienthal-Bremen/Dom........ 115

GASTKOMMENTARE & INTERVIEWS

Philipp Schmid 26
Detlef Lafrentz.................................. 46
Klaas Grensemann............................. 70
Kristina Lohe..................................... 72
Karsten Schulz 94
Franziska Flügler, Stephanie Thieß ... 96
Henrike Kern 118

Interview mit Bernd Lohse................ 120
Interview mit Henner Flügger 122

124 DANKE

126 KARTEN

EINLEITUNG

© Detlef Lafrentz

... ich gehe los!

Einfach losgehn!

Was heißt das eigentlich? Ohne Planung, ohne Vorbereitung, ohne Gepäck? Ohne Abschied von zu Hause? Ich begreife das eher so, dass das Losgehen auch ein Loslassen ist. Vom Vertrauten, Gewohnten, auch Sicheren. Ich verlasse meine Wohnung, in der ich mich wohlfühle, und gehe raus. In die Fremde, in das Unsichere. Nur mit dem Nötigsten im Rucksack. Ich verlasse mich auf mich. Dass mich meine Füße tragen, dass ich mit dem Wetter, dem Weg, den Schwierigkeiten zurechtkomme.

Einfach heißt für mich auch, dass ich wenig Gepäck habe. Ein schwerer Rucksack ist furchtbar. Was brauche ich denn auf so einer Pilgerreise? Schlafsack, Regenjacke, Wäsche zum Wechseln, ein bis zwei Wandershirts, Waschzeug (wenig!) und vor allem gut eingelaufene Schuhe. Wasser und etwas zu essen für unterwegs. Mehr nicht!!! Na gut, noch das Handy, mein Notizbuch, den Sonnenhut, ein Tuch, einen dünnen Schlafanzug und einen warmen Pullover. Aber das muss jetzt wirklich reichen. Ich habe die Erfahrung gemacht, dass ich nichts für Eventualitäten mitnehme. Zur Not kann ich alles unterwegs kaufen.

Aber was ist mit einem Buch, wenn auch ganz dünn, für abends? Ich lese doch zu Hause auch immer. Ja, aber... es wiegt, egal wie dünn es ist. Und ich habe bemerkt, dass es tatsächlich auch ohne geht. Ich bin so voller Eindrücke vom Pilgertag, die ich abends aufschreiben und sacken lassen möchte. Da tut es mir richtig gut, nicht noch in eine andere Geschichte abzutauchen, sondern einfach nur mal die Augen zu schließen und zu spüren, wie es mir geht. Oder in einer Kirche zu sitzen und die wohltuende Atmosphäre wirken zu lassen. Eine Meditation am Abend und Morgen ist erfrischend und bringt den Geist zur Ruhe. Na, und zur größten Not findet sich in jedem Gemeindehaus etwas zum Lesen. Da habe ich schon wunderbare Anregungen und Ideen bekommen.

Und das Wetter? Natürlich wünschen wir uns alle am liebsten keinen Regen auf dem Weg, schon gar kein Gewitter, dazu etwas Sonne, aber nicht zu viel, es soll nicht zu warm, aber auch nicht zu kalt sein. Solche idealen Tage sind allerdings äußerst selten. Was nun? Zu Hause bleiben? – Einfach losgehn heißt für mich auch, eben wirklich jeden Tag wieder neu **loszugehn**. Egal wie das Wetter ist. Selbstverständlich stellen wir uns bei Gewitter oder starkem Regen unter, haben Regenkleidung und Sonnenhut dabei, Blasenpflaster und etwas zu essen und zu trinken. Es ist mehr eine innere Einstellung, die ich unterwegs gelernt habe. Die Fähigkeit, mit dem umzugehen, was **jetzt** in diesem Moment ist, hilft mir auch im Alltag sehr.

Viel Freude auf Ihrem ganz eigenen Pilgerweg und „Buen Camino"!

Heike Götz

Swinemünde–Greifswald

Swinemünde - Golm - Kamminke - Garz - Zirchow - Kutzow - Görke - Dargen - Prätenow - Gummlin - Stolpe - Stadt Usedom - Westklüne - Mönchow - Karnin - Kölpin - Zecherin - Pinnow -

KAPITEL 1

Wangelkow - Lassan - Papendorf - Pulow - Zemitz - Seckeritz - Hohendorf - Giesekenhagen - Lühmannsdorf - Wrangelsburg - Hanshagen - Kemnitzerhagen - Kemnitz - Eldena - Wieck - Greifswald

KAPITEL 1: Swinemünde–Greifswald

„Geh aus, mein Herz,
und suche Freud."

(Paul Gerhardt)

Gut gerüstet für den Weg ...

TAG 1

Swinemünde–Zirchow

Wo beginnt eigentlich der Jakobsweg?

An der französisch-spanischen Grenze?

Bei mir vor der Haustür?

100 km vor Santiago de Compostela?

Oder hier in Świnoujście
(deutsch: Swinemünde)?

Wir entscheiden uns für diesen Startpunkt. Einfach, weil wir dem „gelben Büchlein" folgen, unserer „Bibel" für die nächsten 30 Tage. Und auch, weil ich diesen Weg vor ein paar Jahren schon einmal hier gestartet habe, als ich für die NDR-Sendung „Pilgern im Norden" mit meinem Radiokollegen Philipp Schmid und einer Gruppe gepilgert bin. Nun also noch einmal und ganz privat mit meinem Mann Detlef Lafrentz.

Das ist ein vollkommen willkürlicher Startpunkt. Der Blick auf die Karte und in das erste Gästebuch in Zirchow zeigen, dass es tatsächlich Pilgerinnen und Pil-

Muschel in Swinemünde

Der Pilgerpass ist ein schönes Andenken

ger gibt, die ihren Jakobsweg im Baltikum beginnen. Von Swinemünde bis Bremen liegen ca. 600 km vor uns.

Los geht's! Voller Vorfreude und Spannung starten wir – mein Mann Detlef und ich – in unser Abenteuer „Via Baltica". Mit dem M-V-Ticket fahren wir zusammen für unglaublich günstige 25 € von Hamburg bis ins polnische Swinemünde. Kaum aus dem Bahnhof, entdecken wir auch schon die erste gelbe Muschel, DAS Zeichen der Jakobspilger. Sie wird uns den gesamten Jakobsweg bis Bremen (und letztendlich bis Santiago) Orientierung geben.

Wir gehen schnell noch zur Christkönigkirche, in der Hoffnung, hier unseren ersten Stempel für den Pilgerpass zu bekommen. Dieser Pilgerpass oder „Crendencial del Peregrino" ist sozusagen unser offizielles Dokument, das uns als Pilgernde ausweist. Damit bekommen wir Obdach für eine Nacht in den kirchlichen und auch

1 Eine kleine Holzbrücke führt über die Grenze
2 Einfach zu Fuß von Polen nach Deutschland

privaten Pilgerherbergen. Üblicherweise geben die Pilger dafür eine Spende (etwa 10 €). Und in jeder Herberge und auch in manchen Kirchen unterwegs bekommt man in den Pass einen Stempel. Das ist ein willkommenes Andenken an den Weg.

Leider ist an diesem Nachmittag niemand in der Christkönigkirche, trotzdem fühlen wir uns nun „auf dem Weg". Ab sofort sind Detlef und ich also keine Touristen mehr, sondern Pilger. Wie fühlt sich das denn an? Ist es wirklich ein Unterschied? Eindeutig JA. Wir sind zu Fuß unterwegs, haben ein klares Ziel und folgen den uralten Wegen der Jakobspilger, wie schon so viele vor uns. Wir haben nur das Nötigste im Rucksack und werden ab jetzt – soweit es irgend geht – in Gemeindehäusern übernachten und uns in allem etwas einschränken. Sei es der Komfort beim Schlafen, Duschen oder Essen oder bei all den Bequemlichkeiten, die wir zu Hause selbstverständlich haben. Was sich vielleicht wie ein Verzicht anhört, ist in Wirklichkeit für uns in unserer Überflussgesellschaft ein großer Gewinn. Aber der stellt sich erst nach und nach heraus. Zuerst und jeden Tag neu heißt es: Gehen. Bei jedem Wetter, jeder Laune, jedem Weg. Das ist der Gewinn und gleichzeitig die Herausforderung.

Wie bei jedem Anfang ist etwas Aufregung dabei. Gleichzeitig eine große Freude. Wir verlassen den sicheren Hafen unserer Wohnung und brechen auf ins Unbekannte. Wie wird es werden? Habe ich auch nicht zu viel oder zu wenig im Rucksack? Tragen mich meine Füße und Beine jeden Tag zwischen 18 und 28 km? Wie werden wir unterkommen? Können wir überall Lebensmittel einkaufen? Was „macht" so ein Weg mit mir, mit uns als Paar?

Was nehme ich in meinem (Lebens-)Gepäck mit?

Was kann ich an Vertrautem weglassen?

Was ist nicht (mehr) nötig, überflüssig?

Was ist nur noch Ballast?

3 In der Kirche Zirchow finden Sie eines der an der Küste verbreiteten Votivschiffe
4 Landschaft hinter Zirchow

Der Fußweg von Polen nach Deutschland ist gleichzeitig ein internationaler Radweg. Wir überqueren das Grenzflüsschen und denken über Nachbarschaften, vom Menschen geschaffene Grenzen nach, über Sprachen, Unterschiede, Gemeinsamkeiten und Verbindendes.

Über Kamminke und Garz geht es vorbei an einem kleinen Flugplatz auf schönen Wegen durch Wiesen und Wälder bis nach Zirchow. Das Stettiner Haff ist nicht weit. Heute ist für uns so etwas wie „Anpilgern".

Es ist mit 14 km eine relativ kurze Strecke und trotzdem haben wir schon ein richtiges „Pilgergefühl", als wir in Zirchow ankommen und Frau Schwichtenberg, die Pilgerverantwortliche der Gemeinde, uns herzlich begrüßt. In der Herberge im Gemeindehaus ist alles da: von einer Dusche über richtige Betten bis zu einer kleinen Küche. Die Kirche gegenüber ist offen. Sie ist schlicht und schön und heißt auch noch St.-Jacobus-Kirche. Wenn das kein gelungener Start ist! Wir schlafen wie die Murmeltiere und können es kaum erwarten, morgen weiterzugehen.

TAG 2

Zirchow–Usedom

Ich finde es total verrückt, dass man tatsächlich „einfach losgehn" kann. Der Weg ist da. Es gibt einfache, preiswerte Unterkünfte in vielen Gemeindehäusern am Weg, offene Kirchen und viele unbekannte Menschen, die uns Pilgern den Weg ermöglichen. Seien es die Herbergseltern, Ehrenamtliche, die den Weg erkundet, mit Muscheln und Pfeilen markiert und die Gemeinden „mit ins Boot" geholt haben. Oder auch all die Pilgerinnen und Pilger, die vor mir gegangen sind.

Ich erlebe heute Usedom von seiner stillen Seite. Viele Male war ich „vorn" an den Stränden und den bekannten Badeorten und Seebädern wie Ahlbeck, Heringsdorf oder Bansin. Unvergessliche Kindheitserinnerungen habe ich an Sommerferienlager in Ückeritz. Ich mag die Seebrücken und wunderbaren Strände sehr. Aber Usedom heute so ganz anders zu erleben, nämlich zu Fuß und auf einsamen Wegen, ist eine besondere Erfahrung für mich.

© Detlef Lafrentz
1

2
© Heike Götz

Es ist Hochsommer. Das Getreide färbt sich langsam von Grün zu Gelb. Es sieht so herrlich weich aus. Große runde Heuballen liegen auf gemähten Wiesen. 30 Grad im Schatten, es ist mitten in der Woche und wir sind unterwegs. Es ist wunderschön!

Der Weg führt teilweise auf einer stillgelegten Bahnstrecke entlang. Es ist die ehemalige Zugverbindung zwischen Berlin und Usedom, die um die Jahrhundertwende die „Sommerfrischler" aus Berlin in nur zwei Stunden an die Ostsee gebracht hat. Es war die Blütezeit der sogenannten Kaiserbäder. Usedom hatte auch den Namen „Badewanne Berlins". Diese schnelle Bahnverbindung gibt es seit Ende des Zweiten Weltkriegs leider nicht mehr. Aber schön, dass die vorhandene Trasse heute ein Wanderweg ist. Wir werden noch des Öfteren auf der Via Baltica auf stillgelegten Kleinbahntrassen pilgern.

In Dargen werden für mich Jugenderinnerungen wach. In der DDR aufgewachsen, bin ich natürlich begeistert über die „Schwalbe", unser Kult-Moped, das gleich am Eingang des Dargener DDR-Museums steht. Für eine Besichtigung nehmen wir uns heute keine Zeit, aber ein Fotostopp muss natürlich sein.

Bald erreichen wir Stolpe, ein Dorf mit Kopfsteinpflasterstraße, schöner Kirche, einem Schloss und einem hervorragenden Pausenplatz auf Bänken am Dorfteich oder beim Bäcker mit Cafégarten. Gut gestärkt geht's weiter nach Usedom-Stadt. Ich bin begeistert von der einsamen Natur. Und das auf Usedom! An den Stränden drängeln sich an so einem Sommertag wie heute die Leute und wir sind hier nahezu allein. Die Vögel zwitschern, Mohnblumen, wilde Rosen und Ginster blühen am Wegesrand. „Geh aus, mein Herz, und suche Freud in dieser lieben Sommerzeit!" Dieses Kirchen-

1 Am Eingang des DDR-Museums in Dargen gibt es noch ein Kult-Moped

2 Geh aus, mein Herz, und suche Freud

3 Stadttor und Kirche in der Stadt Usedom

4 Pausenbank am Haff

lied von Paul Gerhardt passt genau zu meiner heutigen Stimmung.

Die Stadt Usedom hat der Insel ihren Namen gegeben. Es ist die älteste Stadt der Insel und ein typisches norddeutsches Ackerbürgerstädtchen. Die riesige Marienkirche ist am hübschen Marktplatz und direkt gegenüber ist das Gemeindehaus, in dem wir heute freundliche Aufnahme bei Herrn Tiede, dem Pastor, finden.

TAG 3

Usedom–Pinnow

Wieder sind „spanische" Temperaturen mit über 30 Grad angesagt. Also machen wir's einfach wie auf dem spanischen Camino und gehen sehr früh los, um schon vor der größten Mittagshitze am Ziel zu sein. Die morgendliche Frische verleiht Energie und wir kommen die ersten Kilometer gut voran. Unsere Erfahrung von den Jakobswegen in Spanien ist auch, einfach ohne Frühstück zu starten, um die Kraft des Tagesanbruchs zu nutzen. Nach ungefähr zwei Stunden schmeckt das Frühstück unterwegs dann umso besser.

Apropos Frühstück und überhaupt Mahlzeiten auf der Via Baltica: Die Versorgungslage ist nicht ganz so rosig. Wir sind es alle irgendwie gewohnt, dass wir ständig irgendwo einen Supermarkt haben und man die Einkäufe locker auf dem Nachhauseweg erledigt. Auf dem Pilgerweg müssen wir uns sehr genau überlegen, was wir wirklich brauchen, denn alles muss im Rucksack Platz finden und getragen werden. Auf der Via Baltica gibt es manchmal tagelang keine Einkaufsmöglichkeiten. Die Dorfläden gibt es oft nicht mehr und durch größere Städte kommen wir nur ab und zu. Auch Gaststätten in den Dörfern sind selten geworden. Also informieren wir uns immer,

1 © Heike Götz

2

wo wir das nächste Mal einkaufen können, und planen ganz genau, wie viele Mahlzeiten es bis dahin sind. In Usedom haben wir gestern im Supermarkt für zwei Tage (und damit sechs Mahlzeiten für zwei Personen) eingekauft. Da kommt selbst bei der nötigen Bescheidenheit einiges zusammen!

Unser heutiges Frühstück halten wir auf einer Bank in einer kleinen Sandbucht direkt am Wasser. Der Weg bis hierhin durch Felder und Wiesen, mit einem Blick zurück auf die Marienkirche, ist wunderschön. In Westklüne erreichen wir das Kleine Haff und ab jetzt führt der Weg immer am Wasser entlang. Es ist eine herrliche, ruhige Morgenstimmung. Wir schauen nach dem Frühstück noch lange aufs leicht plätschernde Wasser. Wann nehme ich mir schon mal Zeit für so etwas? Morgens einfach so auf einer Bank sitzen. Absichtslos. Der Blick aufs Wasser ist wohltuend und erfrischend.

Kann ich auch mit nicht so komfortablen Situationen umgehen?

Wie reagiere ich bei Schwierigkeiten?

Doch auch die längste Pause ist einmal vorbei. Weiter pilgern wir über kleine Wege durch hübsche Dörfer am Haff bis Zecherin. Unterwegs bestaunen wir die Hubbrücke von Karnin. Auch sie gehört zu der ehemaligen Bahnverbindung Berlin-Usedom und war eine technische Sensation. Noch am 28. April 1945 von der Wehrmacht gesprengt, um die heranrückende Rote Armee aufzuhalten, ist sie seitdem ein Mahnmal mitten auf dem Strom.

Und dann heißt es auch schon „Bye-bye, Usedom!". Über die viel befahrene Zecheriner Brücke geht es auf einem abgetrennten Fuß- und Radweg aufs Festland.

Der Weg an der Straße ist laut, schnurgerade und ohne Schatten. Deshalb sind

1 Hubbrücke Karnin

2 Von der Insel Usedom aufs Festland

3 Schwalben bringen Glück, Mauersegler auch

4 Herberge in Pinnow

5 Eingang der Pinnower Kirche

wir sehr froh, als wir einen hölzernen Beobachtungsturm entdecken, in dem man herrlich sitzen und die Vögel beobachten kann. Das ganze Gebiet hier ist ein Naturschutzgebiet. Die ehemals trockengelegten Flächen sind seit einiger Zeit wieder unter Wasser und es gibt schon viel Leben hier. Ein Schauspiel sind die vielen Schwalben, die direkt unter dem Dach des Turms ihre Nester haben und sie beständig mit Futter für die Jungen anfliegen. Elegant mit ihrem Schwalbenschwanz scheinen sie im Flug flatternd zu stehen, fangen Insekten in der Luft und bringen sie dem Nachwuchs. Alles ist so emsig, und wir sitzen hier gewissermaßen in der „ersten Reihe". Schwalben sollen ja bekanntlich Glück ins Haus bringen. Wann kann man sie schon mal so aus nächster Nähe sehen?

Der Endspurt nach Pinnow führt durch den ruhigen und schattigen Pinnower Forst. Das tut gut nach dem Weg an der Bundesstraße. Pinnow hat eine wunderschön sanierte Dorfkirche und eine Unterkunft im Gemeindesaal. Wir genießen einen müßigen und erholsamen „Feierabend" im sehr pilgerfreundlichen Pinnow.

TAG 4

Pinnow–Hohendorf

Es ist schönster Sommer! Wieder sind heute weit über 30 Grad angesagt, deshalb starten wir wiederum sehr früh. Schon um 5.30 Uhr sind wir unterwegs, und das lohnt sich. Die Morgenfrische tut gut, obwohl die Sonne doch schon höher steht als erwartet.

Wir pilgern durch die leicht hügelige Landschaft im Lassaner Winkel auf Feldwegen. Roter Mohn satt, duftende Kamille und Holunderblüten. Mein Gott, ist die Natur verschwenderisch schön!

Der Pilgerweg allerdings ist nur sporadisch oder gar nicht gekennzeichnet, da er auf ganz kleinen Feldwegen entlangführt,

1

© Heike Götz

die sich sicherlich von Jahr zu Jahr ändern können. Oft sind es recht unscheinbare Abzweigungen. Ich weiß das erste Mal die GPX-Datei zu schätzen, die Detlef heruntergeladen hat. Mit ihr wissen wir genau, wo wir gerade sind und wie der Weg weiterführt. Vielen Dank an die unbekannten Macher*innen dieser wertvollen Hilfe! Diese modernen Wegweiser sind wirklich Gold wert. Nur mit dem Büchlein wäre man hier doch ganz schön verloren, auch wenn sprichwörtlich viele Wege nach Rom bzw. Lassan führen. Irgendwann ist der Kirchturm von Lassan zu sehen, und der ist eine super Orientierung. Ich stelle mir immer vor, wie die Menschen sich früher genau an diesen Kirchtürmen orientiert haben. Man kann noch nichts sehen vom Ort, aber die Kirchturmspitze ist schon weit zu sehen. Wo eine Kirche ist, ist ein Ort. Das ist mir, wenn ich im Auto unterwegs bin, noch nie so aufgefallen.

Nach zwei Stunden auf kleinen Feldwegen kommen wir ins Ackerbürgerstädtchen Lassan. Die Stadt liegt direkt am Peenestrom, gegenüber ist noch einmal Usedom in Sicht. Auf dem Marktplatz gibt es zwei kleine Lebensmittelläden, in denen wir uns wieder für die kommenden zwei Tage eindecken müssen. Das Frühstück halten wir auf einer Rundbank unter einer Kastanie an der Wassermühle gleich neben dem Marktplatz. Wir haben alles, was das Pilgerherz begehrt!

Der Weg schlängelt sich hinter Lassan weiter durch wunderhübsche Feldlandschaft und durch eine schattige Obstbaumallee bis nach Pulow. Hier wie im gesamten Lassanaer Winkel haben sich etliche Künstler und „Freigeister" angesiedelt. In Pulow gibt es zum Beispiel eine Handweberei mit Café, eine Kräutermanufaktur, einen Badesee und nette Unterkünfte. Ich könnte jetzt gleich hierbleiben ... Es wird zunehmend heißer und ein Bad im See und ein Käffchen im Garten der Handweberei ... Es ist zu verlockend. Gerade an so einem Bilderbuch-Sommertag wie heute.

1 Morgenstimmung hinter Pinnow

2 Mohnblumen im Überfluss – was für eine Pracht

3 Hübsches Ackerbürgerstädtchen Lassan

4 Dorfkirche mit Schatten in Zemitz

5 34 Grad im Schatten

1

2

Die Frische und Energie des Morgens ist passé und ich werde beim Gehen immer langsamer. Gut, dass Detlef unser heutiges Etappenziel Hohendorf fest im Auge hat. Ich wäre wohl nicht angekommen.

Weiter geht's also bis Zemitz mit schöner Dorfkirche und einem kleinen Friedhof ringsherum. Diese einfache Möglichkeit eines Pausenplatzes erleben wir immer wieder auf unserem Pilgerweg. Dorfkirchen als Oasen der Stille, des Innehaltens, auch des Schutzes. Heute bei dieser Hitze schätzen wir die hohen, Schatten spendenden Bäume rund um die Kirche besonders und erlauben uns, am Gießkannen-Wasserhahn die Arme und Beine zu erfrischen. Da wir uns jedoch nicht sicher sind, ob auf einem Friedhof Trinkwasser aus der Leitung kommt, belassen wir es bei dieser kurzen „Dusche" und fragen wenig später eine Frau in einem Vorgarten, ob wir bei ihr unsere Wasserflaschen auffüllen dürfen. Selbstverständlich hilft sie uns.

Ankommen und wieder losgehen. Jeden Morgen verlasse ich das Vertraute und gehe ins Unbekannte. Auch die Herbergseltern müssen uns wieder loslassen und die nächsten Pilger genauso willkommen heißen. Gebe ich jeder Begegnung die volle Aufmerksamkeit und Offenheit?

Hinter Zemitz wird der Weg etwas anstrengender. Nicht nur wegen der zunehmenden Mittagshitze, sondern auch, weil der Weg ein Stück an der Landstraße entlangführt und der Weg bis Hohendorf jetzt wenig Schatten bietet. Die Aussicht auf den Peenestrom, auf Segelboote und die Werft in Wolgast entschädigen. Wolgast und damit Hohendorf sind also nicht mehr weit. Zum Glück! Nach 24 km erreichen wir bereits um 13 Uhr Hohendorf. Wir sind von der Hitze erschöpft und froh, jetzt die Beine hochlegen zu können. Aber wir haben heute erfahren, dass wir tatsächlich auch bei 34 Grad (nicht übertrieben!) im Schatten pilgern können.

3 © Heike Götz

4 © Heike Götz

1 Allee zum Gutshaus Wrangelsburg
2 Feldweg
3 Wegweiser hinter Hohendorf
4 Kirche Hanshagen

TAG 5
Hohendorf–Kemnitzerhagen

Und so starten wir auch heute in aller Frühe. Diese ersten zwei Stunden des Tages sind so frisch und voller Kraft. Es ist einfach herrlich. Im Wald hinter Hohendorf sind verwitterte Wegmarkierungen. Wie alt die wohl sind? Und wer hat sich daran schon alles orientiert?

Frühstück wie gehabt unterwegs auf einer Bank. Was für ein tolles Gefühl! Weiter geht's auf Feldwegen und später auf einer Lindenallee bis zum Gutshaus in Wrangelsburg, das in Privatbesitz ist. Weiter durch Feld und Wald bis Hanshagen. Eine schöne und vor allem Offene Kirche lädt zu einer Pause ein.

Von hier ist es nur noch ein Katzensprung bis Kemnitzerhagen, unserem Tagesziel. Wir haben heute ein privates Pilgerquartier auf einem landwirtschaftlichen Betrieb. Katarina und Reinhard nehmen seit Jahren Leute wie uns auf, sie sind sehr herzlich und offen. So sitze ich, kaum geduscht, mit Katarina im Garten, und wir unterhalten uns lange und intensiv über Heimat, Ankommen und wieder Loslassen und darüber, was eine Pilgerreise für Menschen am und auf dem Weg bedeuten kann. Und warum so viele Gemeinden und Privatleute die Pilgerinnen und Pilger beherbergen. Es ist nicht das Geld (die üblichen 10 € Spende decken wohl gerade die Unkosten). Nein, Pilger und Herbergseltern sind beide Teil dieser großen Gemeinschaft der Jakobspilger. Egal, ob in Spanien oder Norddeutschland. Egal, ob im Mittelalter oder heute. Egal, ob evangelisch, katholisch oder atheistisch. Für uns Pilger ist das Ankommen am Abend und Willkommensein ganz wichtig. Die Herbergseltern wiederum erleben unterschiedlichste Menschen mit all ihren Geschichten. Die Welt kommt zu ihnen nach Hause. Es ist ein Geben und Nehmen. Ein kurzes Eintauchen in eine andere Welt und schon wieder loslassen.

Als Detlef und ich am nächsten Morgen wieder aufbrechen – nach gemeinsamen Mahlzeiten und vielen Gesprächen mit Katarina und Reinhard –, haben wir das Gefühl, wir kennen uns seit Jahren.

1 © Heike Götz

TAG 6
Kemnitzerhagen–Greifswald

Die heutige Etappe ist sehr kurz. Es geht nach Greifswald, der ersten Hansestadt auf der Via Baltica. Greifswald ist eine besondere Stadt für mich, denn ich war als Jugendliche oft dort. Sie war damals neben Rostock, Berlin und Leipzig die „große weite Welt" für mich. In Greifswald gab (und gibt) es viele Studenten mit all dem dazugehörigen Leben. Für mich als Oberschülerin war das unglaublich faszinierend. Deshalb freue ich mich besonders, dass es heute nach Greifswald geht, und die nächste Station hinter Greifswald ist dann schon Grimmen, meine Heimatstadt. Ich kann ab jetzt also schon ein bisschen „Heimatluft schnuppern".

Nach der Hitze der vergangenen Tage ist heute Gewitter angesagt, und zwar schon morgens. Wir gehen trotzdem los. Der Himmel ist dramatisch und ein ordentliches Gewitter mit Regen muss jeden Moment kommen.

Deshalb halte ich kurz entschlossen das einzige Auto an, das uns am Ortsausgang von Kemnitzerhagen überholt. Ein junges Paar auf dem Weg zur Arbeit nimmt uns per Anhalter mit. In Eldena wollen wir aber unbedingt aussteigen, denn die Klosterruine muss man gesehen haben! Wir warten in einem Torbogen etwa eine halbe Stunde den prasselnden Regen ab. Die

Autos rasen vorbei, es sind riesige Pfützen auf der Straße. Wären wir jetzt auf der ca. 5 km langen ungeschützten Landstraße zwischen Kemnitzerhagen und Greifswald, wären wir trotz guter Regenbekleidung im Nullkommanix durch. Man muss eben auch beim Pilgern „mit dem Fluss schwimmen", denken wir, und in jeder Situation immer neu entscheiden. Wann habe ich mich im Alltag eigentlich das letzte Mal untergestellt und einfach mal abgewartet? Normalerweise sind wir bei Regen in einem Haus oder einem Auto. Aber einfach so unterstellen morgens um 7 Uhr? Das ist ein Gefühl von Ferien und Unbeschwertheit.

Die Klosterruine Eldena ist ein absolutes Highlight für uns auf dem Weg. Schon als Caspar David Friedrich hier seine berühmten Bilder malte, war das Kloster eine Ruine. Sie hat einen ganz besonderen Charme. Im Sommer finden hier oft Konzerte statt. Die Atmosphäre ist einmalig.

2 © Heike Götz

1 Gewitterhimmel am Morgen kurz vor 7 Uhr

2 Klosterruine Eldena

3 Wie gut, sich jetzt unterstellen zu können

3 © Heike Götz

1 © Heike Götz

2 © Heike Götz

3 © Heike Götz

Dann geht es immer am Flüsschen Ryck entlang. Von Wieck mit Jachthafen und der historischen Klappbrücke bis in die Innenstadt. Das maritime Flair von Greifswald ist hier überall zu spüren.

Nach etlichen Kilometern auf dem herrlichen Rad- und Wanderweg am Wasser geht es nach links auf ganz kurzem Weg in die Innenstadt. Auf dem sanierten Markt-

1 Klappbrücke in Wieck

2 Historische Segelboote in Greifswald

3 Von Greifswald sind es nur noch 3400 km nach Santiago

4 Marktplatz Greifswald

5 Pilgergruß

platz weist der Wegweiser nach Santiago. Schlappe 3400 km ... Na denn!

Greifswald ist bunt und voller Tradition. Die Stadt beherbergt eine der ältesten Universitäten Deutschlands. Bereits 1496 wurde sie gegründet. Studentenstadt mit rund zehntausend Studenten ist Greifswald bis heute. Wir holen uns unseren Pilgerstempel im Dom und schlendern über den Marktplatz und durch die schöne Altstadt. Greifswald ist wie geschaffen, um zu Fuß erkundet zu werden. Es gibt diverse kirchliche und private Pilgerunterkünfte. Wir übernachten bei der „Offensive Junger Christen". Ein sympathisches Wohn- und Lebensprojekt mit sehr freundlichen jungen Leuten. Wir fühlen uns rundum wohl und willkommen.

Pilgern und Musik oder „Times of Trouble"

Mein halbes, nein, mein ganzes Leben besteht aus Musik. Als Frühmoderator in einem Radiosender geht es um 5 Uhr los mit dem Gedudel. Schon auf dem Arbeitsweg höre ich Musik, den ganzen Arbeitstag über, auf dem Heimweg. Zu Hause. Tag und Nacht. Musik.

Was für eine willkommene Abwechslung könnte ein Pilgerweg sein. Endlich die Natur hören, den Wind, das Rascheln der Blätter in den Bäumen, die Schafe am Wegesrand, die Vögel in den Lüften. Vor allem aber – in sich hineinhören. Was klingt und schwingt in mir? Was ist meine Lebensmelodie, die Sinfonie meiner Seele, mein Herzenssong?

Ich war überrascht, wie viel Musik in mir ist, was alles zum Vorschein (oder Vorklang) kommt, wenn um mich herum Stille ist.

Ohrwürmer, Wanderlieder, Schlagerperlen, Kinderreime, Fetzen aus Popsongs und Themen aus Sinfoniesätzen. Wie bei einem vollen Fass, so denke ich einmal während des Gehens, sprudelt erst einmal alles Überschüssige heraus, alles, was sich in den letzten Wochen und Monaten an Tönen angesammelt hat, rinnt aus den Ohren, bleibt auf dem Weg liegen, zappelt noch kurz und streckt sich dann kraft- und tonlos hin. Platte, matte Töne, zerlaufene Notenköpfe am Wegesrand. Freigelassen, zurückgelassen, vergessen.

Und dann? Stille, die neu mit Musik angefüllt werden will. Fenster auf, frische Luft hinein! Ohren auf, frische Musik hinein! Herz und Seele neu mit Tönen versorgt, wie der Wüstenwanderer an der Oase das Wasser mit vollen Händen schöpft und wie der erste Atemzug von frischer Bergluft schmeckt, wenn wir die stickige Gondel verlassen haben.

Was hörst du?

Was ist die Melodie deines Herzens, was sind die Töne, in denen deine Seele gestimmt ist?

Was kommt dir als Erstes ins Ohr?

Auf unseren Pilgerreisen haben wir oft und gern zusammen musiziert. Popsongs, Kirchenlieder, Choräle – was uns eben gerade ins Herz, ins Ohr, uns über die Lippen kam. Und oftmals gab es abends ein Klavier, an dem ich eine der frischen Seelenmelodien spielen konnte, genau die musikalischen Gedanken und Gefühle, die den Tag über zu mir kamen. Oder morgens an der Orgel einer Kirche. Das Improvisieren, das Töne-Erfinden und vor allem das Finden von Tönen, wo Worte enden, ist eine große Gabe der Musik und für mich als Talent auch ein Geschenk. Gleichzeitig Aufgabe, es an andere weiterzugeben, zu teilen, Mut und Kraft zu spenden, zu trösten und kleine Knoten in der Seele zu lösen.

Das alles kann Musik. Mal ernst, mal albern. Oft mit ein paar einzelnen Tönen. Der eine beginnt, alle anderen fallen ein. Eine einzelne Stimme wird zum Chor. Herzen klingen und schwingen im selben Rhythmus, zur selben Melodie. So entsteht Harmonie.

Wir haben „Let it Be" gesungen, „Alt wie ein Baum", „Laudate Dominum" und „Dona nobis pacem", „Über sieben Brücken musst du gehn".

GAST-KOMMENTAR

© Mischa Kreiskott/NDR

Und wie so oft beim Pilgern – auf einmal fügen sich Dinge zusammen, erscheinen Zeichen, erhellt sich ein Sinn. Einzelne Textzeilen passen haargenau zu den Fragen, die sich mir auf dem Weg stellen. Als ich mit Bernd, dem Pilgerpastor, auf dem Weg „Let it be" singe (oha – sehr textsicher, der Gottesmann!), begreife ich erst die tiefere Bedeutung des Beatle-Songs. „When I find myself in times of trouble" heißt es da – für viele ist eine Krise, ein Knacks, eine Erschütterung, Anlass, loszulaufen. „For though they may be parted" – getrennt sein von den Liebsten zu Hause, in einer neuen Gemeinschaft, der Pilgergruppe, und doch auf sich selbst zurückgeworfen und, ja, manchmal auch allein. „And when the night ist cloudy" – dunkle Nächte im Schlafsack, erste Sonnenstrahlen, Licht, Wärme, erhellende Erkenntnisse, „there will be an answer" – Losgehen als Frage – Ankommen als Antwort.

„Let it be" bedeute auch „Amen", erklärt mir Bernd.

Und wenn ich das Lied jetzt im Alltag höre, ist meine Übersetzung, meine Meditation, mein kleines Gebet: Lass es zu, lass los, lass ihn machen.

Philipp Schmid

Radiomoderator NDR-Kultur
und Musiker

Greifswald–Rostock

Steffenshagen - Klein Petershagen - Gerdeswalde - Horst - Hohenwardt - Heidebrink - Grimmen - Grellenberg - Bassin - Kirch Baggendorf - Zarrentin - Rekentin - Siemersdorf - Tribsees - Langsdorf -

KAPITEL 2

ad Sülze Ausbau - Bad Sülze - Kölzow - Stubbendorf - Barkvieren - Stormsdorf - Oberhof - Sanitz - Groß Freienholz - Rothbeck - Steinfeld - Fienstorf - Pastow - Neuendorf - Neu Roggentin - Rostock

KAPITEL 2: Greifswald–Rostock

„Wenn ein Mensch lebt“

(Puhdys)

TAG 7

Greifswald–Grimmen

Heute ist für mich ein besonderer Tag, denn es geht in meine Heimatstadt Grimmen. Hier bin ich geboren und aufgewachsen, bis zum Abitur 1982. Damals war Grimmen eine normale Kleinstadt in der DDR mit vielen Arbeitsplätzen, Schulen, Poliklinik, Kulturhaus uns so weiter. Nicht gerade aufregend, aber auch nicht schlecht. Als Kind und Jugendliche fühlte ich mich hier sehr wohl und geborgen. Als junge Heranwachsende zog es mich in die Ferne. Die hieß damals Rostock, Berlin oder Leipzig. Und oft war ich in Greifswald, natürlich immer mit dem Bus oder auch mal mit dem Moped. Zu Fuß von Greifswald nach Grimmen geht heutzutage wahrscheinlich nur, wer auf dem Pilgerweg unterwegs ist.

Wegweiser hinter Greifswald

Steffenshagen - Klein Petershagen - Gerdeswalde - Horst - Hohenwardt - Heidebrink - Grimmen - Grellenberg - Bassin - Kirch Baggendorf - Zarrentin - Rekentin - Siemersdorf - Tribsees - Langsdorf

Der Weg führt mehrere Kilometer auf einer stillgelegten Kleinbahntrasse. Viele Getreidefelder am Wegesrand. Wir haben Gelegenheit, unser Schulwissen über die verschiedenen Getreidesorten aufzufrischen. Keine Menschenseele zu sehen auf den stillen Wegen. In dem Örtchen Horst mit einer einladenden Bank direkt an der Dorfkirche machen wir unsere erste größere Pause.

Weiter geht es entlang der Felder auf kleinen hübschen Wegen. Man überquert irgendwann die neue Autobahn Richtung Stralsund. Es ist komisch, diese zwei unterschiedlichen Geschwindigkeiten – Pilger und Autofahrer – zu erleben. „Zu Fuß" ist eben unser normales menschliches Tempo. Und das bedeutet, dass eine Tagesetappe zwischen 20 und 30 km lang ist.

1 Pause in Horst

2 Herrlich, die einsame Landschaft zwischen Greifswald und Grimmen

3 Raum der Stille in der Grimmener Kirche

Mein Herz schlägt höher, als ich irgendwann den Kirchturm von Grimmen sehe. Obwohl ich nun schon fast 40 Jahre nicht mehr hier wohne und auch meine Eltern nicht, ist und bleibt der Ort der Kindheit doch etwas ganz Besonderes. Das geht Ihnen bestimmt ähnlich, egal, wie gut oder schlecht der Ort tatsächlich von außen betrachtet sein mag. Grimmen ist einfach in meinem Herzen.

Im Städtchen selbst dann Erinnerung auf Schritt und Tritt: Hier in der Ratsapotheke hatte ich als Vierzehnjährige meinen ersten Ferienjob. Ich habe verschiedene Kräutertees aus großen Pappeimern in kleine Papiertüten gefüllt. Mein Berufswunsch war damals noch Apothekerin, einfach, weil ich den Geruch in Apotheken so mochte. Als mir klar wurde, dass ich als Apothekerin sehr gut in Mathe und Chemie sein muss, hatte sich das Thema schnell erledigt ... Alte Apotheken mag ich aber bis heute. Und noch etwas hat mich bei diesem ersten Ferienjob nachhaltig geprägt: Aus dem Fenster im ersten Stock sah ich zwei junge Leute, die mit langen Haaren, „Studentenparka" und Rucksäcken durch unsere kleine Stadt gingen. Ich war total fasziniert und mein „Tramperherz" war geweckt, wie wir damals im Jugendjargon sagten.

Alle Dinge verändern sich.

Akzeptiere ich Veränderungen?

Am Nachmittag muss ich meinem Mann zum wiederholten Male die Orte meiner Kindheit und Jugend zeigen: Hier haben wir gewohnt, dort war meine Schule, hier die kleine Kaufhalle und dort sozusagen der Mittelpunkt unseres Lebens: das Kulturhaus „Treffpunkt", in dem ich von der Kinderdisco über die Jugendweihe bis zum Abiball, zu Faschingsfeiern, Konzerten, eigenen Auftritten mit dem Singeclub und diversen Veranstaltungen alles erlebt habe. Es macht mich traurig, dass dieses schöne und damals funktionierende Kulturhaus jetzt verfällt.

3 © Heike Götz

4 © Henrike Kern

5 © Henrike Kern

Alles ist so vertraut für mich und doch irgendwie fremd. Andere Namen stehen jetzt am Klingelschild unserer Wohnung. Natürlich! Ich will mich irgendwie freuen, hier zu sein, und mich zu Hause fühlen, und doch will sich dieses Gefühl nicht so recht einstellen. Ich war ein anderer Mensch zu einer anderen Zeit. Dieser Mensch vor 40, 50 und bald 60 Jahren ist noch in mir und die Erfahrungen und Erlebnisse auch. Und gleichzeitig ist seitdem so viel Neues hinzugekommen, dass es die Heike von 1970 oder 1980 so nicht mehr gibt. Und das Grimmen aus jener Zeit gibt es selbstverständlich auch nicht mehr. „Jegliches hat seine Zeit“, singen die Puhdys in einem ihrer bekanntesten Songs, mit dem sie Mitte der 1970er-Jahre sogar mal in Grimmen aufgetreten sind. Der Text ist noch viel älter, nämlich aus der Bibel (Prediger 3,1). Vielleicht ergeht es nicht nur mir so. Auf der Suche nach der vermeintlich „guten alten Zeit“ an Orte der Kindheit zu kommen, um dort Gefühle der Heimat und der Zugehörigkeit, der Vertrautheit und Sicherheit zu

1 Der Kirchturm von Grimmen ist schon von Weitem sichtbar

2 Durch das Greifswalder Tor geht es in die Altstadt

3 Die Apotheke – ein Erinnerungsort für mich

4 Marktplatz Grimmen

5 Jegliches hat seine Zeit

Pilgerscheune in Grimmen

Durch das Tribseeser Tor geht es aus der Stadt

erleben. Um dann dort festzustellen, dass sich auch hier die Zeit weitergedreht hat. Wie kann es auch anders sein?

Umso mehr bin ich angetan von der Freundlichkeit und Offenheit der Pastorenfamilie Schmidt und der gesamten Gemeinde. Die Herberge in der ehemaligen Pfarrscheune bietet genug Platz für mehrere Pilger. Es gibt richtige Betten (sogar mit einem kleinen Willkommensgruß auf dem Kopfkissen), eine Küche, Duschen und eine Offene Kirche. Ein Ort der Stille, die guttut. „Die Pilger beleben unsere Sicht auf andere Menschen", erzählt mir Marit Schmidt, die Pilgerverantwortliche der Gemeinde. „Sie werden in der Stadt wahrgenommen, und damit wird auch die Kirchengemeinde mehr wahrgenommen."

Abends stehe ich noch eine Weile im idyllischen Pfarrgarten und lausche den Glocken vom Rathaus und von der Kirche. Und schlafe als Pilgerin in Grimmen, dem Ort meiner Kindheit.

TAG 8

Grimmen–Tribsees

Aus dem mittelalterlichen Stadttor hinaus geht es durch immer jünger werdende Stadtteile. Auch das ist wie eine kleine Zeitreise. Das Erste und das Letzte, was ich als Pilgerin jeweils von den norddeutschen Kleinstädten sehe, ist der Kirchturm. Er ist so etwas wie ein Leuchtturm. Die Stadt verschwindet allmählich aus dem Blickfeld und aus den Gedanken. Nur noch der weit sichtbare Kirchturm bleibt. Das fasziniert mich. Bald sind wir wieder auf dem Land und genießen die kleinen Straßen und weizenblonden Felder.

In Kirch Baggendorf ist die nächste und wiederum Offene Kirche. Nie bin ich so oft in Kirchen wie beim Pilgern. Sie sind wie Meilensteine auf dem Weg. Orte der Orientierung, des Schutzes. Wie viele Menschen sind hier schon vor mir gewesen? Die christliche Tradition ist über

Weites Trebeltal hinter Kirch Baggendorf

viele Jahrhunderte ein Teil unserer Kultur. Auch wenn viele von uns heute nicht mehr in die Kirche gehen, wird mir beim Pilgern immer wieder bewusst, wie sehr wir alle mit der christlichen Tradition verbunden sind, auch wenn wir es im Alltag vielleicht gar nicht so wahrnehmen. Schön, dass die Kirchen nicht nur als die ältesten Gebäude der Dörfer und Städte erhalten werden, sondern auch als lebendige Orte der Gemeinschaft und der Spiritualität. So erlebe ich es als Pilgerin. Ein paar Momente in einer Dorfkirche wie hier in Kirch Baggendorf geben mir Ruhe und auch Kraft.

Gut gestärkt gehen wir jetzt durch das Trebeltal. Die Trebel ist ein Flüsschen, das hier besonders schön durch die weiten Wiesen mäandert. Heuballen, duftende Holunderbüsche, Reiter mit Hund, badende Kinder im Freibad. Es ist ein Sommertag wie aus dem Buche. Und wir dürfen pilgern!

1 Weg hinter Grimmen
2 Kirche in Kirch Baggendorf
3 Einsame Wege

1 © Heike Götz

2

Kurz vor Tribsees vereinigt sich die Via Baltica für einige Kilometer mit dem Brigittenweg. Das ist ebenfalls ein Jakobsweg, der von Schweden über Rügen bis nach Lüneburg führt und an die Pilgerreise der schwedischen Nationalheiligen Brigitta im Jahr 1341 nach Santiago de Compostela erinnert.

Als wir den Kirchturm von Tribsees erblicken, dauert es noch eine gute Stunde zu Fuß in die Stadt. Ein hübscher bunter Marktplatz und eine mächtige Kirche. Fast wie ein Mahnmal, dass das Leben früher anders ausgesehen hat, als die Menschen noch gottesfürchtig waren und selbstverständlich in die Kirche gingen. Heute wirkt sie fast museal und viel zu groß für das winzige Städtchen. Sie stammt eben aus einer anderen Zeit. Es ist wunderbar, dass es sie bis heute gibt und durch viele Anstrengungen erhalten wird. Wir sitzen eine Weile still in der riesigen Kirche.

Immer wieder reden Detlef und ich über das Schicksal solcher Kleinstädte wie Tribsees oder Grimmen, auch Bad Sülze, wo wir morgen durchkommen werden. Diese hübschen Ackerbürgerstädtchen, die auf ihre Weise immer „funktionierten“ (auch in der DDR und vielleicht noch bis etwa zur Jahrtausendwende), sehen heute trotz der teils aufwendigen Innenstadtsanierungen leer und irgendwie trostlos aus. Es gibt nur noch ganz wenige oder gar keine Geschäfte mehr in den einst lebendigen Innenstädten. Alles Notwendige kann man heute in den üblichen Supermärkten und Drogerieketten auf der „grünen Wiese“ oder gleich im Internet kaufen. Das ist niemandem zu verdenken. Dennoch stimmt es mich traurig. Was wird aus unseren schönen norddeutschen Kleinstädten? Müssen wir den Lauf der Dinge hinnehmen nach dem Motto: „Jegliches hat seine Zeit“? Nie ist mir das so aufgefallen wie auf dieser Pilgerreise. Ich freue mich umso mehr über den Mut und das Engagement Einzelner, wie zum Beispiel von dem jungen Paar, das gerade das „Trebel-Café“ auf dem Marktplatz von Tribsees eröffnet hat. Wie schön!

Wir übernachten heute in einer Privatpension, da die Pilgerherberge momentan geschlossen ist. Familie Löwenau beherbergt uns freundlich in einer Ferienwohnung unterm Dach. Am Abend bekommen wir sogar noch Eier der hofeigenen Hühner. Klar, dass die besonders gut schmecken!

TAG 9

Tribsees–Kölzow

Ligusterhecken, wilde Rosen, Holunder. Es duftet und summt. Gerade jetzt im Hochsommer ist alles besonders üppig. Die Landschaft ist weit. Nichts stört das Auge. Um uns herum Wiesen und Moor.

Wenn wir uns umdrehen, können wir noch lange hinter uns die Kirchturmspitze von Tribsees sehen. Und dann taucht auch schon die nächste Kirche und daneben die Mühle von Bad Sülze auf. Die Stadt mit dem kuriosen Namen verdankt ihn nicht etwa dem Fleischgericht, sondern der Sole (salzhaltiges Wasser und Moor). Seit fast 100 Jahren ist Bad Sülze Kurort. Auf dem Markt gibt es das wunderbare „Café Wunderbar", ein Highlight der Stadt. Leider waren wir an diesem Tag viel zu früh hier, aber ich kenne das Café von anderen Besuchen und war immer begeistert.

1 Hübsch sanierter Marktplatz in Tribsees
2 Wunderbares Café in Bad Sülze
3 Kostbare Schätze am Wegesrand
4 Kirche in Tribsees

1 Aussicht von der Terrasse bei Sebastian in Kölzow

2 Landschaft hinter Bad Sülze

3 Kirche in Kölzow

Wege übers Land

Der Pilgerweg führt jetzt mehrere Kilometer auf einer ehemaligen Bahntrasse entlang. Die Schienen sind nach 1945 als Reparationszahlungen in die Sowjetunion gegangen. Seitdem ist Bad Sülze nicht mehr ans Bahnnetz angeschlossen, aber den Bahnhof und die ehemalige Trasse als Wander- und Radweg gibt es noch.

Irgendwo überqueren wir heute auch die unsichtbare Grenze zwischen Vorpommern und Mecklenburg. Die Landschaft wird etwas hügeliger. Viele Hecken mit blühenden und duftenden Sträuchern säumen den Weg. Wir sehen Rehe und einen Dachs. Alles ist sehr einsam, ruhig und unaufgeregt.

Unser Ziel heute ist Kölzow, ein schmuckes Dorf mit Gutshaus, Kirche und ein paar Häusern. Hier haben wir ein Privatquartier direkt neben der Kirche bei Sebastian gefunden. Unser Gastgeber ist Architekt und hat über viele Jahre die alte Dorfschule zu seinem Wohnhaus umgebaut. Sebastian nimmt hin und wieder Pilgerinnen und Pilger in sein offenes und einladendes Haus auf. Es ist unkompliziert und ein bisschen wie eine WG. Wir fühlen uns sehr wohl und genießen die unglaubliche Aussicht von der Terrasse.

TAG 10

Kölzow–Sanitz

Am Morgen reden wir beim Abschied noch ein wenig über seine neuen Ideen, ein richtiges Pilgerhaus in einem seiner Gebäude herzurichten, auch über Lebensträume, langen Atem, Alleinsein und Gemeinschaft. Ich denke beim Gehen an diesem Tag und auch jetzt (zurück im Alltag) immer mal wieder an Sebastians Satz: „Lebe so, dass du keinen Urlaub brauchst." – Wie ist das bei mir? Lebe ich mein Leben, wie ich es wirklich leben möchte? Umgebe ich mich mit Menschen, die mir wichtig sind, die mich inspirieren und stärken? Lebe ich an dem Ort, der mir guttut? Was tut mir überhaupt gut? Habe ich die richtige Balance gefunden zwischen diversen Verantwortlichkeiten,

1 © Heike Götz

Arbeit und Zeit nur für mich? Oder arbeite ich endlose To-do-Listen ab und warte auf das Wochenende, den Urlaub, die Rente? In der Hoffnung, dann endlich Zeit zu haben?

Ich merke, dass beim Pilgern solche Fragen leichter an die Oberfläche kommen, weil wir eben nicht in den Aufgaben des Alltags stecken.

Was könnte ich verändern?

Wie möchte ich ab heute den Rest meines Lebens leben?

Der Pilgerweg aus Kölzow heraus führt auf malerischen Feld- und Waldwegen am Gutshaus vorbei. Ich finde es faszinierend, dass es neben all den Straßen und Autobahnen, auf denen wir sonst so unterwegs sind, viele Wege übers Land gibt. Alte Verbindungen zwischen Dörfern, die wir jetzt als Pilger-, Rad- oder Wanderwege nutzen. Es ist ein richtiges Netz solcher Landwege. Und es ist schön, auf ihnen unterwegs zu sein.

Ganz nebenbei lernen wir heute wieder eine Menge über Weizen, Dinkel, Raps, Kartoffeln und auch Kräuter, aus denen man Tee machen kann, zum Beispiel Johanniskraut. Fast hätten wir darüber den Jakobsberg verpasst ... Er ist ganze 40 Meter hoch und wird durch einen allein stehenden Baum markiert, heißt es im Pilgerführer. Man muss schon ganz genau hingucken. Aber als Jakobspilgerin und -pilger ist der Jakobsberg selbstverständlich ein Muss!

Die Sonne steht inzwischen hoch und das beständige Gehen auf einsamen Wegen macht mich irgendwie sensibler und dünnhäutiger. Der übliche Satz, dass man beim Pilgern „so herrlich zu sich selbst finden kann", ist zu Hause auf dem Sofa leicht ausgesprochen. Sich selbst zu finden (was auch immer das ist) ist nicht automatisch angenehm, merke ich. Und nun? Habe ich mir nicht doch ein bisschen viel zugemutet? Wäre es nicht

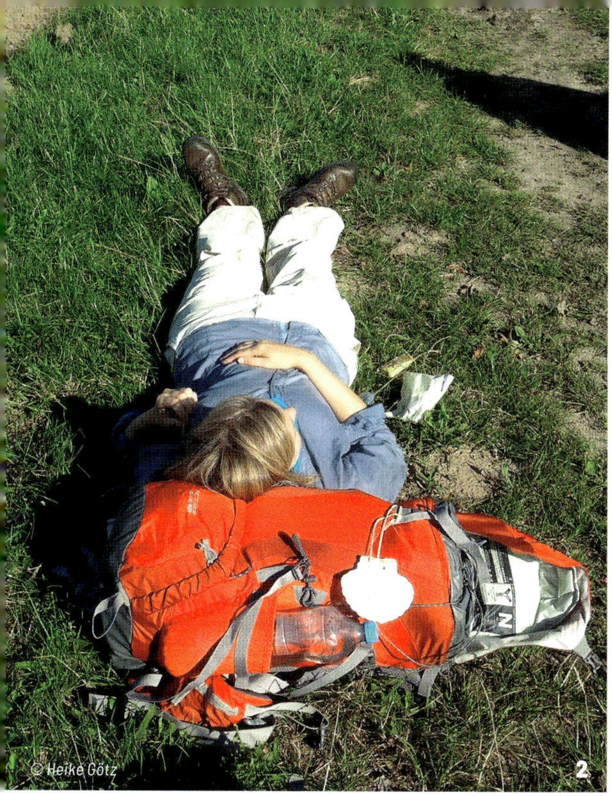

schön, etwas mehr Komfort zu haben? Warum muss ich so viel laufen? Ich könnte doch auch mit dem Bus fahren ... zum Beispiel morgen von Sanitz nach Rostock. Dann wären wir ruck, zuck! da ...

Es motiviert, sich darüber zu unterhalten, sei es mit dem Partner oder vielleicht auch mit den Herbergseltern oder Pastoren auf dem Weg. – Nein, wir fahren natürlich nicht mit dem Bus, besprechen wir. Wir laufen. Wir könnten schließlich immer mit dem Bus fahren, das ist doch gar keine Frage. Wir sind ja keine Pilger im Mittelalter, die zu Fuß gehen **mussten**, weil es noch keine Busse und Bahnen gab. Wir hätten schon von Greifswald mit dem Bus nach Rostock fahren können. Dann wären wir in einer Stunde da gewesen. Oder wir hätten gleich zu Hause bleiben können. Wir könnten auch mit dem Flugzeug direkt nach Santiago fliegen. Wir müssen lachen über diese Gedankenspiele, und es ist ganz klar, dass wir wei-

1 Jakobsberg ... hi, hi ...
2 Ich bin k. o.
3 Feldweg nach Sanitz
4 Kornblume am Wegesrand

1 © Heike Götz

2 © Heike Götz

terpilgern, also laufen. Und wir machen es, weil wir es uns vorgenommen haben. Das ist unsere freiwillige Entscheidung. Dazu gehört manchmal eben auch eine gewisse Anstrengung, wenn die erste Begeisterung über das Unterwegssein vorbei ist. Das ist wohl beim Pilgern nicht anders als im Alltag.

Es ist schön, im Gemeindehaus von Sanitz so freundlich von Pastor Voss empfangen zu werden. Die Spielecke, in der wir heute schlafen werden, ist wunderbar provisorisch, aber wir fühlen uns sofort willkommen und beherbergt. Herr Voss zeigt uns die schöne alte Kirche gegenüber des modernen Gemeindehauses und erzählt von dem Plan der Gemeinde, in einem leer stehenden Haus eine richtige Pilgerherberge einzurichten. Er erzählt, dass er als Pastorensohn früher selbst viel zu Fuß unterwegs war und bei anderen Kirchgemeinden immer Aufnahme gefunden hat. Er war deshalb gleich begeistert von der Idee, Pilger aufzunehmen. „Gastfreundschaft und Vertrauen gegenüber Fremden war schon immer ein christliches Thema. Die Pilgerinnen und Pilger lassen sich auf das ein, was ihnen gegeben wird. Sie machen sich auch schutzbedürftig. Es ist gut für uns Sesshafte, das zu sehen. Ganz nach dem Kirchenlied ‚Komm in unsere stolze Welt'. Immer wenn Leute es wagen, mit wenig auszukommen, dann ist es eine Bereicherung", sagt Pastor Voss. – Wie viele verschiedene Gedanken und Gefühle an einem einzigen Pilgertag!, denke ich, als ich in der Spielecke schließlich in einen tiefen und erholsamen Schlaf falle.

TAG 11

Sanitz–Rostock

Sanitz ist eine florierende Stadt im Speckgürtel von Rostock. Wir überqueren beim Hinauspilgern am Morgen den Bahnhof, wo viele Menschen stehen, die zur Arbeit nach Rostock fahren. Wir passieren das Gymnasium und eine weitere Schule. Es gibt viele neue Häuser. Die Probleme der vorpommerschen Kleinstädte scheint es hier nicht zu geben. Der Einfluss der Großstadt Rostock ist schon zu spüren.

Wir werden zunächst noch auf Feld- und Waldwege geleitet. Später kommt ein Windpark (der Kirchturm von St. Petri in Rostock ist schon zu sehen!) und dann die ersten Speckgürtel-Siedlungen. Meine beste Schulfreundin wohnt hier, aber leider ist sie gerade mit ihrer Familie im Urlaub. Also weiter!

Schließlich hören wir auch schon die Autobahn, sehen Gewerbeparks, Supermärkte und Tankstellen. Das ist ein typischer Weg in eine Großstadt: erst neue Einfamilienhaussiedlungen, dann Gewerbe, dann etwas ältere Einfamilienhäuser, schließlich Mietshäuser, Geschäfte, Schulen usw. Die Stadt wird zur Mitte hin immer älter und man kann daran deutlich sehen, wie die Städte immer größer wurden und werden. Auch Baustile und Moden der jeweiligen Zeiten sind zu sehen. Es ist, als würde man in einem Geschichtsbuch blättern. Das Zentrum der Stadt mit Marktplatz, Kirche und Rathaus ist immer der älteste Teil der Stadt, und dann geht es genauso wieder hinaus. Nie ist mir das so aufgefallen wie beim langsamen Durchqueren einer Stadt zu Fuß.

1 Spielecke – daraus basteln wir uns ein Bett

2 Windpark kurz vor Rostock

3 Rostocker Stadtwald – willkommene Ruhe

4 Weg in die Stadt vorbei an St. Nikolai, im Hintergrund St. Petri

1 Pilgerherberge in Rostock

2 Damit alle Bescheid wissen

3 Abendstimmung am Stadthafen

4 Marktplatz mit Rathaus und „Haus Sonne" am Abend

5 Traditionsreiche Häusergiebel der Hansestadt Rostock

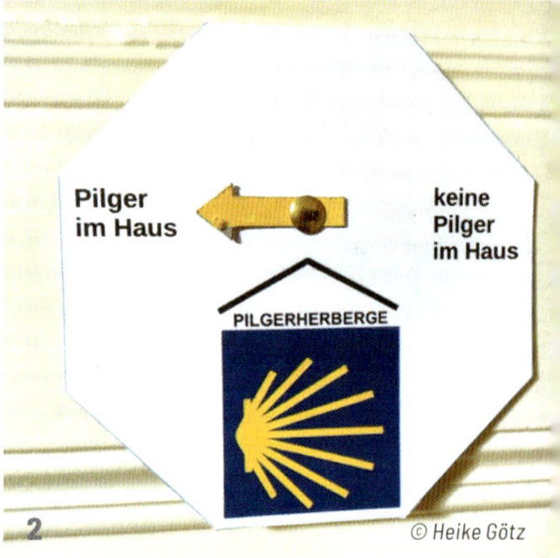

2

Ich bin sehr froh, dass es nach diesem unruhigen Weg in die Stadt noch einmal grün wird im Rostocker Stadtwald. Wir werden so fast bis ins Zentrum geführt.

Wir überqueren die Warnow, und nun wird es richtig städtisch. Am Steintor führt unser Weg in die Wallanlagen. Das sind hübsche Parkanlagen mit vielen Bänken, Rosen und Springbrunnen. Jetzt ist es nur noch ein Katzensprung zum Kröpeliner Tor und zur gegenüberliegenden Pilgerherberge im Gemeindehaus St. Jakobi. Die Kirche selbst gibt es nicht mehr. Sie ist im Zweiten Weltkrieg durch Bomben zerstört worden. Wir werden von Herrn Schlegel sehr freundlich begrüßt und sind begeistert von dem schönen und zweckmäßigen Quartier mitten in der Stadt.

Rostock ist die einzige Großstadt Mecklenburg-Vorpommerns und liegt an der Ostsee. Warnemünde mit dem breiten Sandstrand ist mit der S-Bahn zu erreichen. Wer Zeit und Lust hat, legt in Rostock vielleicht einen Ruhetag ein, um das alles zu erleben.

Wir bummeln am Abend durch die Altstadt mit viel Backsteingotik und dem Stadthafen. Ehrwürdige Häuser in der Fußgängerzone, das Hauptgebäude der Universität, der einladende Marktplatz und die großen Backsteinkirchen zeugen vom Reichtum der Stadt in der Zeit der Hanse zwischen dem 12. und 17. Jahrhundert. Damals hatten sich Kaufleute rund um die Ostsee zu einem Städtebund zusammengeschlossen. Das gab Schutz und Sicherheit – und Reichtum. Der Stadthafen hat sich in den letzten Jahren zu einer Flaniermeile entwickelt. Trotzdem kann man auch im „Pilgeroutfit" einfach den Sonnenuntergang und die maritime Stimmung genießen. „Jegliches hat seine Zeit."

ad Sülze Ausbau - Bad Sülze - Kölzow - Stubbendorf - Barkvieren - Stormsdorf - Oberhof - Sanitz - Groß Freienholz - Rothbeck - Steinfeld - Fienstorf - Pastow - Neuendorf - Neu Roggentin - Rostock

GASTKOMMENTAR

© Heike Götz

Achtsames Pilgern

Beim Pilgern haben wir viel Zeit, um uns mit uns selbst zu beschäftigen. Das dürfte auch eine der Ausgangsideen gewesen sein, als Menschen sich mit einer Pilgerreise reinwaschen, von einer Strafe befreien konnten. Beim Pilgern kommen wir um die Auseinandersetzung mit uns selbst nicht herum. Wir spüren unsere Körperlichkeit. Die Anstrengung, die fehlende Unterhaltung und Ablenkung, bringen uns in Kontakt mit uns selbst. Wir kommen in die Gegenwart, in das JETZT.

Beim Pilgern haben wir besondere Möglichkeiten, unseren Geist bewusst einzusetzen, ihn zu trainieren, aus dem Hamsterrad des ständigen Gedankenstroms herauszutreten. Und das geschieht durch Wahrnehmen der eigenen Körperlichkeit.

1. Wie atme ich gerade? Ist mein Einatem genauso lang wie der Ausatem? Was ist angenehmer? Ein oder aus? Wo spüre ich meinen Atem? Bauch? Brust? Rippen? Rücken? Nasenlöcher? Hals? Verändert sich mein Atem beim Gehen? Wann wird er kürzer, wann länger? Wann tiefer, wann flacher?
Beachte: Es ist hilfreich, den Atem so zu beobachten, wie er wirklich ist, und nicht, wie man ihn haben möchte. Es gibt keine absolut richtige Art zu atmen. Jeder Atemzug ist anders!

2. Welcher Teil eines Fußes kommt zuerst an den Boden, wenn ich ihn aufsetze? Welcher kommt dann? Welcher Teil ist der letzte, der den Boden wieder verlässt? Ist das bei beiden Füßen gleich? Auf welchem Fuß stehe ich länger, sicherer? Sind meine Schritte gleich lang? Stockt mein Atem, wenn ich einen Fuß aufsetze?
Beachte: Viele Menschen setzen zuerst die Ferse auf (nicht beim Ballett) und rollen dann den Fuß ab über den Kleinzehballen auf den Großzehballen. Es gibt einen kleinen Augenblick, wo der ganze Fuß flach am Boden ist. Dann verlässt die Ferse den Boden, dann der Kleinzehballen und oft zum Schluss der Großzehballen. Der Ablauf kann aber individuell unterschiedlich sein. Wichtig ist es, das zu beobachten, was tatsächlich passiert.

3. Wo habe ich sehr deutlich Wahrnehmung vom Gewicht des Rucksacks? Wo genau? Verändert es sich beim Gehen? Welche Bewegung finde ich vielleicht mit den Schultern? Am Rücken? Wie bewegt sich mein Becken mit den Schritten?
Beachte: An jeder Bewegung ist der gesamte Mensch beteiligt. Oft aber spüren wir das nicht, weil unsere Fähigkeit zur Wahrnehmung nicht genug entwickelt ist. Oft bewegt sich das Becken entgegengesetzt zum Schultergürtel. Wichtig ist es, das wahrzunehmen, was ist. Das ist manchmal sehr wenig und auch ernüchternd. Dann ist es unsere Aufgabe, Bescheidenheit zu entwickeln und den Geist weiterzuentwickeln. Wenn wir mit unserer Aufmerksamkeit dabeibleiben, werden wir schnell Fortschritte machen. Es dreht sich nicht um das Erreichen eines vorgegebenen Ziels, sondern um den Prozess des Lernens.

Detlef Lafrentz

Feldenkrais-Pädagoge

Rostock–Lübeck

Kritzmow - Wilsen - Konow - Hastorf - Althof - Bad Doberan - Glashagen - Retschow - Alt Karin - Bolland - Krempin - Neubukow - Buschmühlen - Alt Bukow - Lischow - Neuburg - Krusenhagen - Gagzow - Rohlstorf - Hornstorf - Wismar - Wendorf

KAPITEL 3

ein Woltersdorf - Gägelow - Proseken - Weitendorf - Alt Jassewitz - Hamberge - Grevesmühlen - Börzow - Roxin - Hof Mummendorf - Kirch Mummendorf - Hanstorf - Prieschendorf - Groß Bünsdorf - Schönberg - Rupensdorf - Lockwisch - Lüdersdorf - Palingen - Lübeck

KAPITEL 3: Rostock–Lübeck

„Danke für diesen guten Morgen"

(Martin Gotthard Schneider)

TAG 12

Rostock–Bad Doberan

Wir starten in einen wolkenverhangenen Tag. Es ist trotzdem schön, weil es so frisch ist. Fürs Laufen ist das gar nicht schlecht, solange kein Regen kommt. Hinter dem Neuen Friedhof an Rostocks Stadtrand wird es endlich wieder ländlich. Wir überqueren die Autobahn, die nach Warnemünde führt, und ich bin wieder einmal froh über Detlefs GPX-Daten, die er von der Via Baltica heruntergeladen hat. Mit Pfeilen sieht es hier nämlich „mau" aus.

1 © Heike Götz

2 © Detlef Lafrentz

1 Kleine Kostbarkeiten am Wegesrand

2 Pilgerweg hinter Rostock

3 Wald vor Bad Doberan

4 Pilgerpause auf nagelneuer Bank

Kurz hinter der Autobahn geht es auf kleinen Wegen durch die Flur, und irgendwann finden wir eine nagelneue Pausenbank.

Nun geht es durch einen Wald – und Achtung!, plötzlich biegt der Pilgerweg vom Hauptweg nach rechts ab. Ohne Hinweis, ohne Pfeil. Sie ahnen schon, ich bin happy über die moderne Technik. Ich überlege, wie es für mich ist, „vom rechten Weg" abzukommen. Ist das wirklich so schlimm? Und was ist denn überhaupt „der rechte Weg"? Auf einem Pilgerweg wie diesem ist das doch eigentlich gar kein Problem, beruhige ich mich. Kaum ein Wald in Deutschland ist so dicht, dass man nie wieder herausfinden würde. Und Bad Doberan hätte ich auch auf anderem Wege erreicht als auf dem hübschesten oder kürzesten. Trotzdem, bemerke ich, fühle ich mich sofort unwohl, wenn ich mich „verlaufe", nicht auf der markierten Route der Via Baltica bin. Und ich fühle mich wohl, sicher und gut geleitet, wenn ich regelmäßig Pfeile und Muscheln sehe.

Wie ist es für mich auf meinem Lebensweg, wenn ich Umwege laufe oder in Sackgassen lande? Das Ziel nicht erreiche? Oder auf anderem Wege?

Der Wald wird immer schöner, es ist ein Buchenwald. Es ist ziemlich hügelig und irgendwann kommen wir an eine richtige Schlucht. Der Weg führt drum herum und kurz danach sind wir an den Hütter Klosterteichen, einem Naturschutzgebiet. Bad Doberan grüßt also schon, denn diese Teiche haben die Zisterziensermönche des dortigen Klosters (mit dem heute sehr bekannten Münster) bereits im 13. Jahrhundert angelegt. In Althof, dem nächsten kleinen Ort und schon fast am Stadtrand von Bad Doberan, waren die Ursprünge des Klosters, und noch heute gibt es dort eine kleine Kirche, die Pilgerkapelle.

1 Wegweiser in Althof

2 Pilgerquartier im Gemeindehaus in Bad Doberan

3 Der Molli schnauft mitten durch die Stadt

Bad Doberan ist jetzt schnell erreicht und wir haben unser Pilgerquartier im freundlichen Gemeindehaus der katholischen Kirche. Es ist eine moderne Kirche in einem Wohngebiet. Der Diakon, Herr Wawra, kommt uns schon mit dem Schlüssel für Kirche und Gemeindehaus entgegen. Er zeigt uns alles, und dann dürfen wir in der voll ausgestatteten Küche schalten und walten und alles benutzen (inklusive der reichlich vorhandenen Kaffeevorräte). Auch in der Kirche können wir so lange und wann immer wir wollen sitzen. Ich bin manchmal überwältigt von so viel unaufgeregter und selbstverständlicher Gastfreundschaft und Vertrauen.

Beim Spaziergang durch Bad Doberan besuchen wir selbstverständlich das bekannte Münster, die ehemalige Kirche der Mönche. Es ist heute mehr ein Touristenort, obwohl auch hier noch wöchentlich Gottesdienste und regelmäßig Konzerte stattfinden. Das Münster gilt als Meisterwerk der Backsteingotik mit wertvollem Altar und vielen anderen Kostbarkeiten.

Bad Doberan ist eine hübsche Stadt. Die nahe Ostsee mit den bekannten Seebädern Heiligendamm und Kühlungsborn ist zu spüren. Es gibt viele Gäste in Bad Doberan, dementsprechend Cafés, Hotels, Geschäfte. Eine sehr liebenswerte Tradition ist die Kleinbahn auf der 15 km langen Strecke zwischen Bad Doberan und Kühlungsborn, der „Molli". Ja, die Einheimischen sagen tatsächlich *der* Molli und nicht *die*. Mit Kohle beheizt, schnauft er dampfend mitten durch die Innenstadt, ganz nah an den Häusern vorbei. Eine Attraktion!

4 **Das berühmte Doberaner Münster**

5 **Auf dieses Plakat schaue ich von meinem Bett in der Pilgerherberge der katholischen Kirche**

Nach dem Stadtbummel sind wir jedoch froh, wieder in unserer schönen und bescheidenen Pilgerunterkunft zu sein. Wie jeden Abend kochen Detlef und ich gemeinsam und lassen den Tag langsam ausklingen. Die vielen körperlichen Empfindungen und Gedanken während des Gehens, auch die Emotionen und manchmal Anstrengungen unserer Pilgerreise durch meine Heimat bewegen mich. Ich schaue von meinem Schlafplatz direkt auf ein Plakat mit einem Bibelzitat, das mich in diesem Moment mitten ins Herz trifft.

Worauf und auf wen vertraue ich?

Wie habe ich schwierige Phasen in meinem Leben gemeistert?

Es stärkt uns beide, so oft wie möglich in Gemeindehäusern zu übernachten. Die gelebte Gastfreundschaft der Gemeinden am Weg, die spürbare Stille und gleichzeitige Lebendigkeit der Kirchenräume sind uns so unglaublich viel mehr wert als jeder Hotelkomfort. Pilgern ist so intensiv. Da ist die körperliche Herausforderung. Schritt für Schritt – immer weitergehen. Man spürt sich selbst dadurch sehr intensiv. Und dann ist das Leben auf das Notwendigste beschränkt: Unterkunft, Essen, Weg, Kleidung, Füße! Keine sonstigen Aufgaben, kaum Ablenkungen. Das ist einerseits unglaublich erholsam. Andererseits ist diese Konzentration eine große Herausforderung, denn man muss sich selbst aushalten.

TAG 13

Bad Doberan–Alt Karin

Wir kommen viel zu spät los. Die Sonne steht schon hoch und es wird wieder sehr warm. Die Nacht mit unseren Gesprächen über „Gott und die Welt" war einfach zu kurz. Wie und wo kann man besser als auf einer längeren Pilgerschaft solche Fragen zulassen, ihnen nachgehen?

Beim Frühstück entdecke ich auf einer Kerze das bekannte Gedicht „Spuren im Sand" von Margaret Fishback Powers. Es berührt mich heute besonders.

© Heike Götz

Dieses berührende Gedicht begleitet mich auf meinem heutigen Weg

Spuren im Sand

Eines Nachts hatte ich einen Traum:
Ich ging am Meer entlang
mit meinem Herrn.
Vor dem dunklen Nachthimmel
erstrahlten, Streiflichtern gleich,
Bilder aus meinem Leben.
Und jedes Mal sah ich
zwei Fußspuren im Sand,
meine eigene und die meines Herrn.

Als das letzte Bild an meinen Augen
vorübergezogen war, blickte ich zurück.
Ich erschrak, als ich entdeckte,
dass an vielen Stellen meines
Lebensweges nur eine Spur
zu sehen war.
Und das waren gerade die schwersten
Zeiten meines Lebens.

Besorgt fragte ich den Herrn:
„Herr, als ich anfing, dir nachzufolgen,
da hast du mir versprochen,
auf allen Wegen bei mir zu sein.
Aber jetzt entdecke ich,
dass in den schwersten Zeiten
meines Lebens
nur eine Spur im Sand zu sehen ist.
Warum hast du mich allein gelassen,
als ich dich am meisten brauchte?"

Da antwortete er:
„Mein liebes Kind, ich liebe dich und
werde dich nie allein lassen,
erst recht nicht in Nöten
und Schwierigkeiten.
Dort, wo du nur eine Spur gesehen
hast, da habe ich dich getragen."

Margaret Fishback Powers

1 Quellental bei Bad Doberan

2 Allee zwischen Glashagen und Retschow

Was für ein herrlicher Weg hinter Bad Doberan! Es geht durch das „Quellental", einen lichten Buchenwald. Und immer wieder sehen oder überqueren wir das saubere Flüsschen, welches vor rund 800 Jahren wohl auch dazu beigetragen hat, dass genau hier in der Gegend die Mönche siedelten. Seit dem Jahr 1906 wird Mineralwasser von der unterirdischen Quelle abgefüllt. Es gibt sogar mitten im Wald einen Tempel für den „Glashäger Mineralbrunnen".

Dieser besondere Wald führt uns bis kurz vor den Künstlerort Glashagen. Schon in den 1980er-Jahren siedelte sich das Glaskünstler-Ehepaar Kaufmann an – am historischen Glasmacherort Glashagen. Davon fühlten sich später auch andere Künstler und Kunsthandwerker angezogen, sodass das Dorf heute Werkstätten, Galerien und ein Café hat.

Die Straße bis Retschow ist eine alte Allee. Obwohl wir keinen abgetrennten Fußweg haben, ist es schön, hier zu laufen, denn es ist sehr wenig Autoverkehr. Aber die Straße will kein Ende nehmen. So kommt es uns jedenfalls inzwischen vor bei der Hitze. Wir sind froh, am Ortseingang von Retschow bei der Feuerwehr endlich eine Pausenbank zu finden.

1 © Heike Götz

2 © Heike Götz

Hinter Retschow gehen wir auf kleinen Straßen, Wiesen- und Feldwegen durch das geschwungene Land. Es sind schöne und weite Blicke. Wir erfreuen uns daran.

Schließlich müssen wir nochmals ein ziemlich langes Stück auf der Landstraße gehen, aber das Ziel Alt Karin ist jetzt in Sicht. Wir übernachten im Gemeindehaus direkt neben der alten Backsteinkirche. Das Ehepaar Schenke betreut das Pilgerquartier seit Jahren mit viel Engagement. Wir haben das gesamte Gemeindehaus für uns. Richtige Betten, Dusche und Küche lassen unser Pilgerherz höher schlagen.

Auf die Frage, warum die Gemeinde sich die Mühe macht und regelmäßig seit vielen Jahren Pilger aufnimmt, sagt mir Frau Schenke, dass sie schon so viele tolle Begegnungen hatten. „Die Welt kommt zu uns und es ist dadurch immer wieder Leben auf dem Hof und im Dorf." Sie fühle sich reich beschenkt. – Und wir uns auch.

3 © Heike Götz

1 Mecklenburger Weite
2 Herrlich einsame Wege
3 Gemeindehaus mit Pilgerquartier in Alt Karin
4 Morgenstimmung
5 Und weiter gehts!

TAG 14

Alt Karin–Neuburg

Jeder Tag ist neu! Beim Pilgern wird mir das so besonders bewusst. Diese Morgenfrische. Morgens um 6 Uhr zu Fuß auf einer Landstraße. Der Sonnenaufgang. Nichts weiter tun zu müssen außer zu laufen. „Danke für diesen guten Morgen. Danke für jeden neuen Tag", diesen „Schlager" der Kirchenlieder habe ich heute die ganze Zeit im Ohr und gehe beschwingt durch das weite norddeutsche Land.

1 Hinweis Hellbachtal
2 Musik im Wald
3 Tugend- und Wertepfad

Frühstückspause nach 8 km in Neubukow. Es gibt einen schönen Picknickplatz im Hellbachtal, allerdings schon wieder am Ortsausgang. Auch Neubukow ist eine typische norddeutsche Kleinstadt. Viel Backstein, große alte Kirche, Markt. Ich fühle mich wie zu Hause. Der perfekt angelegte Wanderweg durchs Hellbachtal ist ein Naturlehrpfad.

Es macht uns Spaß, hier zu gehen und an den kleinen Lernstationen spielerisch etwas zu erfahren über Vögel, Bäume oder Instrumente aus Holz, auf denen Detlef sofort Musik macht. Ich bewundere seine Leichtigkeit, mit der er Musik versteht und verschiedene Instrumente spielen kann, auch mal so eben mitten im Wald ein Xylophon aus Holz. Leider habe ich nie ein Instrument erlernt. Schade, denke ich manchmal. So beschränke ich es aufs Singen. Das Wasser des Hellbachs ist sehr klar. Der Weg führt teilweise auf Bohlenstegen und über kleine Holzbrücken immer nah am Bach entlang.

Danach geht es auf Feld- und Wirtschaftswegen bis Alt Bukow. Ab und an sehen wir Schilder am Weg mit Worten wie Respekt, Geduld, Toleranz oder Liebe. Es ist der sogenannte „Tugend- und Wertepfad“, eine private Initiative eines Wismarer Ehepaars, erfahren wir später von Frau Gerber, der Frau des Pastors in Neuburg. Die Kirchengemeinden am Wege hätten die Idee sehr gern aufgenommen. Und es gäbe mit Absicht keine Auslegung der einzelnen Begriffe, damit die Vorbeikommenden ihre eigenen Assoziationen dazu entwickeln können.

Gerade noch rechtzeitig vor einem kräftigen Sommergewitter erreichen wir beim Schild „Gastfreundschaft“ unser Pilgerquartier in Neuburg. Das Pastorenehepaar

4 Weg nach Neuburg

5 Danke für diesen guten Morgen

Gerber nimmt in einer Ferienwohnung unterm Dach Pilgerinnen und Pilger auf. Die Kirche und ein sehr empfehlenswerter Bäcker (ich kenne ihn von meinem Pilgerweg mit dem NDR) liegen mehr im Zentrum des Ortes. Bei dem starken Regen heute haben wir aber keine Lust mehr, das Zimmer überhaupt noch einmal zu verlassen. Ja, auch diese Stimmung gehört zum Pilgerweg. Einfach nur duschen, essen, liegen, lesen, ausruhen.

TAG 15

Neuburg–Wismar

Das Gewitter gestern hatte im wahrsten Sinne etwas Reinigendes. Alles ist jung und frisch und ausgeruht. Wie schön ist es doch, morgens durch den Wald zu gehen. Es tropft leicht von den Bäumen und die Sonne blinzelt durch das Blätterdach. Vögel zwitschern. Wir gehen munter voran. Die Stimmung ist bestens, trotz „Mückenalarm" im Wald.

Später geht es wieder auf kleinen Wegen und Straßen fernab der Bundesstraße. Ich bin auf der Via Baltica immer wieder aufs Neue begeistert, dass es neben all den schnellen Autostraßen diese alten ruhigen Verbindungswege zwischen den Dörfern gibt. Und irgendwann sehen wir in der Ferne das erste Mal die Kirchtürme von Wismar. Wuchtig, groß. Als Zeichen und Orientierung, weithin zu sehen. Als wenn es die Stadt drum herum gar nicht gäbe. Nur die Kirchtürme. Genau so müssen sie die Pilger, Händler, Wandergesellen und Seefahrer vor Hunderten von Jahren auch schon gesehen haben. Orientierung, Schutz und Sicherheit, das versprach die Stadt. Wismar liegt direkt an der Ostsee.

1 © Klaas Grensemann

2

Aus der Neuzeit stammen die riesengroße Werfthalle und die Schornsteine, die auch schon von Weitem zu sehen sind.

Und dann sind wir da: Wismar! Weltkulturerbe, Backsteingotik, Kirchen, Marktplatz mit der „Wasserkunst" und hanseatischen Giebelhäusern. Wismar ist eine der reichen Hansestädte gewesen, und dieser Glanz ist bis heute spürbar. Alles ist nach der Wende aufwendig saniert worden. Viele Touristen schauen sich das Schmuckstück der Hansestädte an.

Wir trinken einen Kaffee am Marktplatz und merken, dass wir plötzlich in einer ganz anderen „Szene" sind. Um uns herum Menschen im Urlaub, beim Stadtbummel und Shoppen. Wir sind froh, schnell wieder auf unserem Pilgerweg zu sein. Der Weg raus aus der Innenstadt führt durch ebenso hübsche Altstadtstraßen. Es gibt eine besondere Pilgerunterkunft in der Heilig-Geist-Kirche. Man schläft tatsächlich in einer Kapelle in dem riesigen Kirchenschiff. Bei der NDR-Pilgertour vor ein paar Jahren haben wir dort übernachtet. Heute ist es noch zu früh am Tag. Wir würden dort vor dem Abend wahrscheinlich keine Ruhe finden. Deshalb freuen wir uns, im Wismarer Stadtteil Wendorf unterzukommen, schon mehrere Kilometer entlang der Via Baltica aus der Innenstadt heraus.

„Erwarten Sie aber keine Backsteingotik", sagte mir die Frau von Pastor Kretschmer am Telefon. Das macht uns gar nichts, denn stattdessen gibt es einen herzlichen Empfang vom Pastor und eine wunderbare Ferienwohnung für uns unterm Dach. Ich fühle mich sofort willkommen und wohl. Die Johanneskirche ist mitten in einem DDR-Wohngebiet und ist als eine der ganz wenigen Kirchen in den 1960er-Jahren neu gebaut worden. Nein, Backsteingotik hat sie nicht, aber eine so schöne und lebendige Ausstrahlung, die ich sofort mag. Ich merke, wie ich die modernen Kirchen immer mehr liebe auf dieser Pilgertour. Das hätte ich vorher nie gedacht. Sie haben eine warme, helle, praktische und für mich wohltuende Atmosphäre. Vielleicht fühle ich mich deshalb hier so wohl, weil ich in genau so einem Wohngebiet aufgewachsen bin? Die typischen 1960er-Jahre-Wohnblocks, der Supermarkt, in dem wir am Nachmittag einkaufen (früher Kaufhalle), die Menschen – alles ist mir so vertraut.

1 Norddeutsche Landschaft

2 Auf der Via Baltica mitten durch die ehrwürdige Hansestadt Wismar

3 Als Pilgerin auf dem Marktplatz in Wismar

4 Die Johanneskirche im Stadtteil Wendorf

5 Apfelbaum im Pfarrgarten

6 Die gemütliche Pilgerwohnung unterm Dach

1 © Henrike Kern

2 © Heike Götz

Den Nachmittag verbringen wir in himmlischer Ruhe unterm Dach des Gemeindehauses. Abends lausche ich der Chorprobe, sitze unterm Apfelbaum im Garten, höre „Dona Nobis Pacem" und singe heimlich mit. Am liebsten möchte ich hier nie wieder weg.

TAG 16

Wismar–Grevesmühlen

Ich habe tief und fest geschlafen. Und es geht selbstverständlich weiter! Eben noch gleicht das Zimmer einem „aufgeplatztzten Sofakissen" und im Nullkommanix ist alles wieder im Rucksack verstaut. Da unsere Herberge schon am Stadtrand von Wismar lag, geht es jetzt ganz schnell raus aufs Land.

Ein besonderes Dorf ist Proseken, das wir nach wenigen Kilometern erreichen. Schon von Weitem ist der Kirchturm zu sehen.

Hier in dieser Kirche wurde im Oktober 1989 die Bürgerbewegung „Neues Forum" von Wismar und Umgebung gegründet, erfahren wir auf einer Infotafel an der Kirche. Es bewegt mich sehr, wenn ich solche Fotos von Demonstrationen im Herbst 1989 sehe und Geschichten von den Menschen lese. 2000 Menschen hatten sich am Abend des 18. Oktober 1989 in und vor der Kirche versammelt. Alle hatten davon nur durch Mund-zu-Mund-Propaganda gehört. Und keiner von ihnen wusste, ob dieser Abend friedlich bleiben würde, ob sie vielleicht sogar verhaftet würden. Wie viel Mut damals dazugehörte, sich unerlaubt zu versammeln und Forderungen nach Versammlungs- und Pressefreiheit, freien Wahlen oder dem Ende des Machtanspruchs der SED auszusprechen, kann man sich heute kaum noch vorstellen. Es ist die Geschichte meines Heimatlandes und ich finde es sehr gut, dass an solchen Orten daran erinnert wird.

Im nächsten Dorf Weitendorf beginnt für ca. 1 km ein Kunstweg mit Skulpturen moderner Kunst am Feldrand. Später geht es durch einen Wald (auch hier wieder mit

1 Himmel

2 Gedenkort vor der Kirche in Proseken

3 Pilgerweg am See in Grevesmühlen

4 Weithin sichtbar: der Kirchturm von Proseken

spärlicher Beschilderung), und nach dem Wald kann man für einen Moment einen Ostseeblick erhaschen von einer Anhöhe, nicht weit von einem Sendemast. Nun ist die Via Baltica teilweise identisch mit dem Hanseatenweg, einem weiteren Wanderweg im Norden, und erkennbar an einer stilisierten Hansekogge. Die Landschaft ist hier leicht hügelig und in der Gegend gibt es eine Ansammlung von Großsteingräbern, die etwa 4500 bis 6000 Jahre alt sind.

Kurz vor Grevesmühlen auf dem Iserberg gibt es eine ideale Pausenbank an einem Aussichtsturm mit Weitsicht. Nun geht's auf einer Treppe hinunter und auf schönem Weg bis nach Grevesmühlen. Verlockend ist das Wasser des Ploggensees, denn der Pilgerweg führt direkt am Ufer entlang. Die Bäume spenden wohltuenden Schatten.

Kirche in Grevesmühlen

Sonnenblume mit Pilger

Und dann sind wir auch schon in dem netten Städtchen Grevesmühlen. Die Pilgerunterkunft ist im Verwaltungshaus der Kirchgemeinde gegenüber der Nikolaikirche unweit vom Markt. Es ist für uns Pilgerinnen und Pilger alles da (Schlafplatz, Dusche, Kochmöglichkeit). Wir bekommen von der Küsterin, Frau Flügel, auch den Kirchenschlüssel. Schön ist es in Grevesmühlen.

> **Alles hängt mit allem zusammen. Suche ich nach den Zusammenhängen?**
>
> **Oder steht das Einzelne, das Getrennte für mich im Vordergrund?**

Auf einem Pilgerweg ist man nicht allein, auch wenn man auf der Via Baltica im Gegensatz zu den Jakobswegen in Spanien sehr wenige Menschen trifft. Dennoch habe ich immer das Gefühl von Aufgehobensein in der Gemeinschaft der Pilgerinnen und Pilger, die vor mir diesen Weg gegangen sind. Und auch in der Gemeinschaft der Kirchgemeinden, in denen wir für eine Nacht unterkommen. Da gibt es ein kurzes Gespräch mit der Küsterin, abends vielleicht eine Chorprobe nebenan und die Gemeindebriefe, die immer ausliegen. Ich lese sie sehr gern, man erfährt einiges über den Ort, die Kirche und die Menschen, und ich finde immer etwas Inspirierendes darin. Diese Gemeindebriefe sind mir ein echter Ersatz für das abendliche Buch zu Hause. Auch das ist für mich ein Grund, beim Pilgern in den Gemeindehäusern zu übernachten und nicht in Hotels oder Pensionen. Mehr authentische Pilgeratmosphäre als in einem improvisierten Quartier im Gemeindehaus gibt es nicht.

1 Pilgerunterkunft in Grevesmühlen

2 Zivile Verwendung der ehemaligen Grenzzäune

3 Milchkannen als hübsche Dekoration

TAG 17

Grevesmühlen–Schönberg

Heute geht es nach Schönberg, dem letzten Ort auf der Via Baltica, der in Mecklenburg-Vorpommern liegt. Uns stecken die vielen Tage des Pilgerns allmählich in den Knochen. Ich bin insgesamt etwas k. o. Umso mehr freue ich mich über die Sonnenblumen und die kleinen Zeichen am Wegesrand wie diese alten Milchkannen oder Muschelzeichen auf Steinen. Mir wird immer klarer, was mit dem Spruch „Der Weg ist das Ziel" gemeint sein könnte. Es ist wirklich zweitrangig, irgendwo anzukommen. Das Wichtige allein ist das Gehen, das Zurücklegen des Weges.

Wir sehen oder überqueren immer mal wieder die Flüsse Stepenitz und Maurine. Bei Prieschendorf gibt es eine sehr schöne Pausenbank direkt am Bach. Dann führt der Pilgerweg zu einem stillgelegten Bahn-

Brücke über die Stepenitz

Wanderweg auf dem ehemaligen Bahndamm nach Schönberg

damm, der einstmals von Dassow nach Schönberg führte und nach der Wende als Rad- und Wanderweg wiederbelebt wurde. Wir merken, dass wir uns so langsam der ehemaligen Grenze zwischen DDR und BRD nähern. Prieschendorf lag bis 1989 im sogenannten 5-km-Sperrgebiet, das heißt, es durfte sich dort niemand aufhalten bis auf die Bewohner der Dörfer. Ich freue mich, wenn ich in den ehemaligen Grenzgebieten die alten Grenzzäune sehe, die die Leute nach 1989 selbst dort abgebaut haben und sie seitdem als Gartenzaun, Hühnerstallumrandung oder sonst was benutzen. Ich muss dann immer an den Bibelspruch „Schwerter zu Pflugscharen" (Micha 4.1.) denken, der in der kirchlichen DDR-Friedensbewegung in der 1980er-Jahren sehr populär war. Eine bessere und friedlichere Nutzung für diese Grenzzäune kann ich mir nicht vorstellen.

Schönberg ist eine kleine hübsche mecklenburgische Stadt. Auch hier bietet die Kirchgemeinde ein Pilgerquartier an. Es ist einfach und herzlich hier. Wir können die Matratzen im Jugendraum ausbreiten, es gibt eine Küche. Herr Krüger und Herr Maack, die beiden Pilgerverantwortlichen von Schönberg, haben alles bestens vorbereitet mit Infomaterial über den Ort und einem Pilger-Schlüsselbund für Quartier und Kirche. Wir besorgen uns etwas zu essen für den Abend im „Treppen-Konsum" schräg gegenüber, einem liebevoll geführten Bio- und Regionalwarenladen. – Was für ein herrliches Leben ist dieses Pilgerleben doch!, denke ich manchmal. Wir packen morgens unseren Rucksack im Pilgerquartier eines Gemeindehauses, gehen pro Tag zwischen 18 und 25 km durch einsame Landschaften und kommen abends im nächsten Gemeindehaus an, wo wir ebenso willkommen sind. Ich bin dankbar für diese einfache Möglichkeit des Unterwegsseins und die Gastfreundschaft der Kirchgemeinden auf dem Weg.

TAG 18

Schönberg–Lübeck

Heute ist wieder ein außergewöhnlicher Tag für mich, denn es geht von Mecklenburg-Vorpommern nach Schleswig-Holstein und damit von Ost nach West. Für mich ist das auch so viele Jahre nach der Wende immer noch etwas Besonderes. Ich denke nach wie vor fast jedes Mal daran, wenn ich die ehemalige Grenze mit dem Auto oder wie heute zu Fuß überquere.

Der Hit ist, dass wir schon kurz hinter Lüdersdorf, und damit rund 14 km vor dem Stadtzentrum, die berühmten sieben Kirchtürme von Lübeck sehen. Die stolze Hansestadt grüßt gewissermaßen schon aus der Ferne. Doch erst einmal geht es noch durch das hübsche Dorf Palingen und dann durch die Palinger Heide. Was heute ein Erholungsgebiet für die Lübecker ist, war bis 1989 absolutes Sperrgebiet. Und dann überqueren wir den sogenannten

1 Treppen-Konsum in Schönberg

2 Pilgerquartier in Schönberg im Gemeindehaus der Laurentiuskirche

3 Einfach so von Ost nach West

4 Sandweg durch die Palinger Heide

Kolonnenweg, auf dem damals die Grenzsoldaten von einem Wachturm zum anderen gefahren sind. Ich kann nicht anders, ich muss Detlef bitten, einen Schnappschuss von mir zu machen. Dann kommt noch das eigentliche Grenzbächlein, was vollkommen unspektakulär ist, und über einen kleinen Holzsteg gehen wir schließlich nach Schleswig-Holstein.

Jetzt sind wir plötzlich schon in Lübeck. Durch Villenviertel und später auf einem langen Wanderweg entlang der Wakenitz kommen wir bis in die historische und weltberühmte Altstadt von Lübeck. Noch einmal eine kurze Pause auf einer Bank am Wasser, und schon sind wir im Stadtgetümmel.

Der Weg endet für uns in St. Jakobi, einer der fünf großen Backsteinkirchen. Es gibt natürlich einen schönen Stempel und die Jakobusherberge ist gleich nebenan. Lübeck bietet sich geradezu an, um einen Ruhetag zu verbringen. Es gibt so viel zu sehen in der Hansestadt: Rathaus, Buddenbrookhaus, Holstentor und überhaupt die gesamte wunderschöne Altstadt. Sie merken schon, dass ich ein wenig ins Schwärmen komme. Na, und vom berühmten Marzipan ganz zu schweigen ...

1 © Heike Götz

2 © Detlef Lafrentz

1 Turm der Jakobikirche

2 Pause kurz vor dem Stadtzentrum Lübeck

3 Erinnerungsfoto an DEM Wahrzeichen von Lübeck, dem Holstentor

4 Historisches Rathaus

5 Stolze Hansestadt Lübeck

3

© Detlef Lafrentz

© Heike Götz

4

5

© Heike Götz

GASTKOMMENTAR

© Klaas Grensemann

Pilgern oder Wandern?

Immer wieder werde ich als evangelischer Diakon gefragt, wie ich den Unterschied zwischen Pilgern und Wandern definieren würde. Grundsätzlich denke ich, dass die Übergänge so fließend sind, dass es vermutlich keine zufriedenstellende Antwort gibt. Ich vermute hinter dieser Frage die Sehnsucht, in einer Unterscheidung etwas genauer fassen zu können, was den eigenen Pilgerweg bereichern könnte. Für mich persönlich beginnt ein Pilgerweg damit, dass ich mich selbst als Pilger verstehe. Ich meine damit eher meine bewusste innere Einstellung zu meinem Weg als Pilgerweg.

Wandern ist das, was ich tue. Pilger sein ist das, was ich sein möchte. Ich gehe mit dem inneren Bild, dass mein Weg mehr ist als nur ein Weg von A nach B. Ich sehe meinen Weg als geistlichen Weg, genauer: als geistlichen Übungsweg. Kleine Rituale, wie zum Beispiel eine kurze Stille mit Gebet oder das Lesen der täglichen Losung oder das Lesen eines Psalmwortes bringen mich dabei in eine andere Grundstimmung. Ich versuche offen zu sein, was mir geistlich an diesem Tag begegnen könnte: In den Begegnungen mit Orten, Texten und vor allem in den Begegnungen mit Menschen. Ganz simpel rüttle ich an jeder Kirchentür, an der ich auf dem Weg vorbeikomme. Ist sie geöffnet, trete ich ein. Verweile einen Moment. Gönne mir eine kurze Zeit der Stille in diesem Raum, den Menschen gebaut haben, um gemeinsam Gottesdienst zu feiern, ihrem Glauben nachzuspüren. Nun, bei meinem kurzen Besuch spüre ich meiner eigenen Sehnsucht nach.

Philipp Schmid sagte einmal auf dem gemeinsamen Weg auf der Via Baltica, dass es einen Unterschied machen könnte, ob ich in der Natur oder in der Schöpfung unterwegs bin. Das finde ich hilfreich. Das Wort Schöpfung bringt dabei für mich die wunderschöne Natur um mich herum mit dem Schöpfer, mit Gott, in Verbindung. Und mit meinem Geschöpf-Sein. Was erzählt mir die Natur über den manchmal so fernen Gott, wenn er mir auf dem Weg als Schöpfer begegnet?

Zu einem weiteren Merkmal gehört für mich das immer wieder bewusste Gehen im Schweigen. Dabei verbiete ich mir nicht den Mund, sondern gönne mir den Raum, bei mir, meinen Gedanken und Empfindungen zu bleiben. Ich persönlich verbinde diese Zeiten mit der Vorstellung, dass Gott mit mir mitgeht oder mir zumindest entgegenkommt. Wie der Pilgerstab des Pilgers eben diese Dimension ausdrückt. Ich gehe nicht allein, sondern halte mich auf meinem Weg am Hirtenstab. Und so, wie ich den Pilgerstab festhalte und begreife, so leitet es meine Gedanken zur Frage, was ich neu über meinen Glauben und meine Gottesbeziehung begriffen habe auf dem Weg. Es geht darum, einfach mal loszugehen – und dabei zugleich in mehrfacher Hinsicht aufzubrechen. Zu mir selbst. Zu denen, die mir begegnen. Zu Gott.

Klaas Grensemann

Diakon und Referent im Kloster Bursfelde am Pilgerweg Loccum-Volkenroda

GASTKOMMENTAR

Pilgern – Scheitern und Neustart

Vor ein paar Jahren hatte ich mich auf den Weg nach Spanien gemacht, um die letzten 500 km des klassischen Caminos zu laufen.

Es ging alles Mögliche schief – der Flug wurde falsch gebucht, dann zog ich mir direkt nach der Ankunft einen Sonnenstich zu (im April!), und so ging es ein paar Tage mit Pech und Pannen weiter, bis ich beschloss, dass ich mein Pilgerprojekt beende und stattdessen in einem deutschen Kloster einkehre.

Dann wurde ich vor einiger Zeit gefragt, ob ich es noch mal versuchen und beim NDR-Projekt „Pilgern im Norden" mitlaufen würde. Und das tat ich!

Ich war gespannt, ob es dieses Mal besser laufen würde. Ich war nervös, ob ich kräftemäßig mithalten könnte, ob ich mich mit den anderen verstehen würde und ob ich trotz des Multimediaprojekts stille Momente mit Gott erleben würde.

Und so kam es, dass sich für mich herausstellte, dass es genau das Richtige für mich ist, in der Heimat zu pilgern. Das Wetter – die Menschen – die Kirchen – in vertrauter Umgebung zu starten, ermöglicht mir, in kleinen Dingen Neues zu erleben, mich auf die Menschen einlassen zu können, mit denen ich unterwegs bin, und Gott in der Natur, in den Kirchen und in Begegnungen zu spüren.

Aus dieser Erfahrung habe ich mitgenommen, dass es lohnt, einfach mal die Wanderschuhe zu schnüren und loszulaufen – ohne Flüge zu buchen oder große Planungen zu machen.

PS: Auch in der Heimat muss nicht alles glattlaufen – auf dem Foto sieht man mich mit dickem Mückenstich am Auge ... Aber beim Pilgern geht es ja auch nicht darum, dass alles leicht und einfach ist. Für mich ist Pilgern: kleine Schätze sammeln und Begegnung leben – mit Gott, mit anderen und mit mir.

Kristina Lohe

Vorstand im Kloster Volkenroda
(das Kloster, in dem sie nach der kurzen Pilgerreise in Spanien gelandet ist)

Lübeck–Wedel

© Heike Götz

Genin - Moisling - Reecke - Klein Wesenberg - Groß Wesenberg - Redderschmiede - Stubbendorf - Reinfeld - Hohenkamp -

KAPITEL 4

Feldhorst - Bad Oldesloe - Nütschau - Tralau - Vinzier - Grabau - Süllfeld - Nahe - Kayhude - Hamburg - Wedel

KAPITEL 4: Lübeck–Wedel

„Morning has broken"

(Cat Stevens)

TAG 19

Lübeck–Reinfeld

Ab jetzt werden wir durch Schleswig-Holstein laufen. Wird das anders als durch Mecklenburg-Vorpommern? Sind die Menschen hier anders? Spürt man Ost und West noch? Ich, im Osten aufgewachsen, lebe seit vielen Jahren in Hamburg und bin durch meine Arbeit mit der Landpartie seit über 20 Jahren in ganz Norddeutschland unterwegs. Und ich stelle immer wieder fest, dass es höchstens in Nuancen Unterschiede gibt. Was uns verbindet, ist die gemeinsame jahrhundertealte Geschichte und die norddeutsche Mentalität: dieses manchmal etwas knappe Wort, vielleicht auch eine gewisse Reserviertheit, diese „herbe Freundlichkeit". Ich habe in Ost und West so viele nette Menschen kennengelernt, da passt einfach kein Klischee. Und wer die Via Baltica geht, wird spüren, dass das Pilgern verbindet. Menschen, Regionen, Länder. Die Offenheit, mit der uns die Kirchengemeinden überall begegnen, die kleinen Gespräche am Weg und auch die Herzlichkeit der privaten Herbergseltern ist überall spürbar. Es ist ein gutes Gefühl, willkommen zu sein. Egal wo.

Lübeck

Genin - Moisling - Reecke - Klein Wesenberg - Groß Wesenberg - Redderschmiede - Stubbendorf - Reinfeld - Hohenkamp -

Wunderbar markierter Pilgerweg hinter Lübeck

… im lichtdurchfluteten Wald

Wir starten heute stilvoll direkt an der Jakobikirche. Wir sind frisch und ausgeruht und freuen uns auf den Tag. Auf dem Weg entlang der Trave, am Kanal mit Booten und Kleingärten lassen wir allmählich die Stadt hinter uns. Um einen letzten und einen allerletzten Blick auf die sieben Türme von Lübeck zu erhaschen, drehe ich mich immer wieder um.

Die Via Baltica ist hier ein Stück des Weges identisch mit der Via Scandinavica, einem weiteren Jakobsweg, der von der Insel Fehmarn kommt. Wir finden eine Pausenbank direkt am Wasser. Die schönsten Pausenplätze sind oft die ungeplanten, fachsimpeln wir. Die Bänke wie diese direkt am Kanal, die wir spontan entdecken und die wir in diesem Moment gut und passend finden, sind wunderbar. Wer weiß, vielleicht regnet es nachher oder die im Pilgerführer versprochene Bank gibt es gar nicht mehr? Oder ist besetzt? Also: Jetzt machen wir Pause, obwohl wir noch gar nicht so weit gelaufen sind, sondern einfach so.

Wie oft mache ich im Alltag Pausen? Nehme ich eine Pause genauso wichtig wie mein Tagespensum, das ich schaffen möchte?

Gehe ich manchmal über meine Grenze, weil ich keine Pausen mache?

Der Weg hinter dem Stadtteil Mosiling nach Reecke führt durch einen lichtdurchfluteten Wald. Die Landschaft ist leicht hügelig und die Trave blitzt immer wieder durch die Bäume. Ich erfreue mich an dem unglaublichen Grün. Es belebt meine Sinne und macht irgendwie ein heiteres Gemüt. Der Weg ist perfekt ausgeschildert, sogar mitten Wald. Immer wieder entdecken wir unsere vertraute Muschel.

Das nächste Dorf, Klein Wesenberg, zeigt sich überaus pilgerfreundlich – mit einem unübersehbaren Findling direkt am Weg, einer Pilgerbox mit Stempel auf der Fensterbank des Gemeindehauses und auch mit der ersten möglichen Pilgerherberge nach Lübeck.

Unser Ziel ist Reinfeld. Über Groß Wesenberg und Redderschmiede ist der Ort nach einer guten Stunde erreicht. In der privaten Pilgerherberge finden wir leider keinen Platz und weichen deshalb auf eine Pension aus. Alles ist ordentlich und zweckmäßig, allerdings hat so eine Pension eben nichts mit Pilgern zu tun, sondern es ist ein Beherbergungsbetrieb. Nicht mehr, aber auch nicht weniger.

TAG 20

Reinfeld–Nütschau

Am Morgen erleben wir, warum die Stadt auch Karpfenstadt und Matthias-Claudius-Stadt heißt. Der Dichter wurde 1740 in Reinfeld geboren. In der Matthias-Claudius-Kirche sitzen wir eine Weile in Stille, stempeln als Erinnerung in unseren Pilgerpass und entdecken dann an der Seepromenade ein besonderes Denkmal für sein wohl berühmtestes Lied „Der Mond ist aufgegangen". Ein halber Mond und ein etwas verwitterter Liedtext: „Siehst du den Mond dort stehen, er ist nur halb zu sehen und ist doch rund und schön. So geht's mit manchen Sachen, die wir getrost verlachen, weil unsre Augen sie nicht sehn." Wie schön und weise, denke ich. Ich summe und singe dieses Lied den ganzen Tag.

Ich bin ein Teil der Natur. Was kann ich dazu beitragen, unsere Welt zu erhalten?

Was kann ich im Alltag verändern?

Wie viel wovon brauche ich wirklich?

Das mit den Karpfen wird auch langsam klarer, als wir immer wieder an Teichen vorbeikommen, die schon vor etwa 900 Jahren von Mönchen des Klosters Reinfeld angelegt wurden. In einigen werden bis heute traditionell Karpfen gehalten und in der Winterzeit abgefischt.

Der Pilgerweg nach Bad Oldesloe ist ein Genuss. Es geht durch Wiesen, Felder, Wälder. Wir finden viele Bänke an malerischen Plätzen, da die Via Baltica hier identisch ist mit dem regionalen „Steenvelder Wanderweg". Im Wald entdecken wir kleine Baumstillleben oder einen Sitzkreis aus Baumstämmen. Dann wieder schlängelt sich der Weg am Wiesenrand entlang. Die Landschaft ist leicht hügelig und über uns ein weiter Wolkenhimmel. So schön ist es direkt vor unserer Haustür, überkommt es mich manchmal. Ich muss eben einfach nur losgehn.

Im Wald kurz vor Bad Oldesloe entdecken wir rein zufällig, dass der Weg plötzlich nach links auf einen schmalen Seitenweg abbiegt. Wieder einmal bin ich sehr froh, dass Detlef der modernen Technik in Form der GPX-Dateien vertraut. Eigentlich liebe ich die gelben Camino-Bücher sehr, und schon seit vielen Jahren sind sie unsere treuen Begleiter und neben den Muscheln und Pfeilen am Wegesrand die einzigen Orientierungshilfen. Der große Nachteil ist, dass man sich hin und wieder verlaufen kann, eben weil man nicht genau weiß, wo man exakt ist. Obwohl ich es zunächst etwas technikorientiert fand, bin ich inzwischen sehr überzeugt von den Vorteilen des „digitalen Wegweisers". Das gelbe Büchlein über die Via Baltica habe

1 Diese Markierung des Weges in Klein Wesenberg ist nicht zu übersehen

2 ... diese Markierung an meinem Rucksack auch nicht

3 Matthias-Claudius-Kirche in Reinfeld

4 Der Mond ist nur halb zu sehen

5 Zwischen Reinfeld und Bad Oldesloe

Trave nach Bad Oldesloe

ich natürlich trotzdem immer dabei, schon allein wegen der kurzen wissenswerten Infos und Geschichten drum herum.

Nachdem wir eine größere Straße überquert haben, führt die Via Baltica auf einem Wanderweg immer an der Trave entlang bis nach Bad Oldesloe. Am Ufer locken viele Bänke zur Rast. Aber auch Bad Oldesloe selbst ist auf alle Fälle eine Pause wert. Wir erleben nach der Ruhe des Weges ein hübsches und lebendiges Städtchen mit bezaubernden Gassen, Häusern und Cafés. So lässt sich das Pilgerleben aushalten!

Nun sind es nur noch wenige Kilometer nach Nütschau. Und die sind noch einmal ein Highlight des Tages, denn es geht auf einem Holzbohlenweg durchs Moor. Was für ein Erlebnis, trotz des Regens, den wir noch auf den letzten Kilometern erwischen. Macht nichts. Wir sind durch unsere Ausrüstung gut geschützt und das Moor hat eine wunderbare Stimmung. Ruhig, etwas unwirklich. Wasserflächen, Gräser, Sumpf. Und wir schweben geradezu darüber. Danke an alle, die diesen tollen Weg durch das Naturschutzgebiet angelegt haben.

1 Hinein in die lebendige Altstadt von Bad Oldesloe

2 Bei Regen durchs Moor – ein Erlebnis!

Willkommensgruß in Nütschau

Kloster Nütschau

Schließlich erreichen wir die Ländereien des Benediktinerklosters Nütschau. Streuobstwiesen, eine Gallowayherde auf saftigem Grün und in der Ferne die Glocken des Klosters. Es ist erst 1951 gegründet worden. Wir lesen auf einer Infotafel, dass die Obstbäume als Friedensbäume gespendet wurden, u. a. vom Oblatenkloster. Wie bitte? Was ist denn ein Oblatenkloster? Dank Wikipedia wissen wir schon wenig später, dass Menschen, die nicht als Mönche im Kloster leben, sondern als Laien zu Hause, aber die Regeln und Gebetszeiten soweit wie möglich einhalten und sich dem Kloster sehr verbunden fühlen, als Oblatenkloster bezeichnet werden. Wieder was gelernt!

Wir haben heute eine private Unterkunft unweit des Klosters und sind mehr als begeistert – über den Willkommenskaffee, der nach dem Regen köstlich schmeckt, die Herzlichkeit und Offenheit der Herbergseltern und den extra eingerichteten „Achtsamkeitsraum" unter Reet, in dem wir übernachten dürfen. Ein wunderbarer Ort zum Meditieren und Kraft schöpfen. Danke, liebe Familie Draeger!

TAG 21

Nütschau-Nahe

Der Abschied am nächsten Morgen ist herzlich. Wir holen uns noch einen Stempel im Kloster, und dann geht's auch schon los.

Es sieht nach Regen aus, aber was soll's? Pilgern heißt Losgehen. Schon kurze Zeit später geraten wir tatsächlich in einen heftigen Regen mit Hagel, Sturmböen und Gewitter. Wir rennen zur nächsten Unterstellmöglichkeit. Es ist der überdachte Eingang des Gemeindehauses in Tralau. „Na toll! Warum machen wir das eigentlich alles? Wie schön wäre es doch jetzt zu Hause", grummle ich. Okay, wärmeren Pullover unter die Regenjacke ziehen und, vor allem, innerlich nicht gegen den Regen ankämpfen, sondern ihn akzeptieren. Nicht einfach! „Als Pilger nehmen wir doch das, was kommt", sagt Detlef aufmunternd zu mir. Und Regen gehört nun mal dazu. Wir meiden ihn in unserem „normalen Leben" ständig, sind in Häusern, Autos. Wir haben Regenradare und Wetter-Apps und finden, dass Regen irgendwie schlechtes Wetter ist. Warum eigentlich? Warum ist Sonne

Auch der stärkste Regen geht einmal vorbei ...

... und schon scheint wieder die Sonne

gut und Regen schlecht? Stellen wir uns mal ein Leben ohne Regen vor ... Ach, lieber nicht! Ja, es fühlt sich mit solchen Gedanken schon viel leichter an. Und ja, es ist eine Gewissheit, dass sich alles ständig verändert. Auch das Gewitter zieht vorüber und der Regen hört irgendwann auf. Wir müssen gar nicht so lange darauf warten. Bald tröpfelt es höchstens noch ein bisschen von den Bäumen, und schließlich scheint sogar die Sonne. Was für ein Erlebnis!

Überraschendes kann jederzeit passieren. Wie schnell kann ich reagieren oder mich anpassen?

Auf schönen Naturwegen erreichen wir schließlich den nächsten Ort Grabau. Die Bänke auf dem Sportplatz des TSV Grabau sind wie geschaffen für unsere heutige Mittagspause, die wir schließlich in schönstem Sonnenschein genießen. Die Regensachen trocknen schnell und die Welt sieht schon wieder anders aus!

Weiter geht's durchs Dorf und an einem See vorbei, und bald darauf beginnt der lange Weg auf einer ehemaligen Kleinbahntrasse, die jetzt ein Rad- und Wanderweg ist. Schnurgerade geht es über viele Kilometer. Ich bin dankbar, dass links und rechts des Weges viele alte Obstbaumsorten gepflanzt sind. Die haben so tolle Namen wie „Gelber Richard" oder „Gräfin von Paris". Das Lesen der Infotafeln ist eine willkommene Abwechslung auf dem Weg über Süllfeld bis Nahe, der sich zieht.

Seit zwei Tagen sind wir auch immer mal wieder in Autobahnnähe gewesen. Was für ein brutaler Einschnitt in die Landschaft so eine Autobahn ist, wird mir nicht im Auto, sondern jetzt als Pilgerin bewusst. Auch Bahntrassen sind inzwischen unüberwindbare Hindernisse für Mensch und Tier geworden. Wie schön, dass aus so einer

1 Wie jeden Abend mache ich meine „Hausaufgaben" und schreibe in mein Tagebüchlein

2 Pilger-Spendenbox. Das gesammelte Geld spendet die Gemeinde jährlich für „Brot für die Welt"

stillgelegten Kleinbahntrasse ein Rad- und Wanderweg werden kann.

Der Schlenker in das Ortszentrum von Süllfeld lohnt sich allein schon wegen des Bäckers an der Ecke und der Offenen Kirche. Hinter Süllfeld wandern wir weiter auf der ehemaligen Bahntrasse, erfahren auf weiteren Infotafeln einiges über Bienen, Imker und offene Weidelandschaften. Ich finde es klasse, dass sich engagierte Menschen für den Naturschutz einsetzen und auf leicht zugängliche, fast spielerische Art und Weise Wissen vermitteln.

Endlich in Nahe angekommen, finden wir eine sehr freundliche Pilgerherberge im evangelischen Gemeindehaus. Die Schlafplätze auf Sofa und Feldbett sind sogar schon vorbereitet, es gibt etwas zu trinken und die Gemeindeküche und Dusche lassen keine Pilgerwünsche offen. Die Kirche in Nahe ist ein Neubau und strahlt eine außergewöhnliche Atmosphäre aus, finde ich. Ich bin mir sicher, dass das nicht nur an den wunderschönen Glasfenstern liegt, die ihr buntes Licht an die Wände zaubern. Es liegt vor allem an den Menschen, die diese Kirche zum Leben erwecken. „Die Gemeindeglieder haben die Pilgerherberge zu einem ihrer Herzensprojekte gemacht", erzählt uns Pastor Wulf, ganz nach dem Bibelvers: „Gastfreundlich zu sein vergesst nicht. Denn dadurch haben einige ohne ihr Wissen Engel beherbergt" (Hebräer 13.2.). Und so haben im Gemeindehaus Nahe über die Jahre etwa 800 Pilgerinnen und Pilger übernachtet. Ob auch einige Engel darunter waren? „Auf alle Fälle", meint Pastor Wulf. „Die Begegnungen mit den Pilgerinnen und Pilgern bereichern uns sehr. Und das Haus zu öffnen für Fremde, auch mal über den Tellerrand zu schauen, tut uns allen gut. Gastfreundlich zu sein, ist eine urchristliche Aufgabe." – Wir fühlen uns wohl in der Gemeinde Nahe.

Morgenlicht leuchtet

Pilgern an der Bundesstraße – auch das gehört zum Weg

TAG 22

Nahe-Hamburg/Poppenbüttel

Am Morgen in dieser Kirche zu sitzen und in Stille den Tag zu beginnen, ist etwas ganz Besonderes. „Morgenlicht leuchtet, rein wie am Anfang", so der deutsche Text des Cat-Stevens-Klassikers „Morning has broken". Er steht sogar im evangelischen Gesangbuch. Ja, das Morgenlicht leuchtet wirklich in dieser Kirche, vielfach gebrochen und an den Wänden gespiegelt durch die bunten Kirchenfenster. Ich bin fasziniert. Ein nährender Start in diesen Pilgertag.

Auf dem Weg aus der Stadt bringen wir die Schlüssel beim Pastor zu Hause vorbei, ein kleiner Plausch über weitere Vorhaben der Gemeinde wie einem digitalen 360-Grad-Rundgang durch die Kirche, und mit einem „Seien Sie behütet!" starten wir. Der Weg hat es auf den ersten Kilometern in sich, denn wir müssen direkt neben der Bundesstraße gehen. Es gibt wahrlich viel bessere Wege auf der Via Baltica, aber auch so ein Straßenweg gehört eben manchmal dazu, sinniere ich. Auch im Leben gibt es schließlich solche und solche Phasen. Also einfach gehn!

Trotz der anstrengenden Strecke neben der Bundesstraße gibt es einiges zu entdecken: Wir haben Zeit, über den Namen und die Bedeutung des Ortsnamens „Naherfurth" nachzudenken (klar, hier geht es in einer Senke über die Alster), entdecken unsere geliebte Jakobsmuschel an einem Einfamilienhaus (ob hier Pilger wohnen?) und das Wort „Aufmerksamkeit" in bunten Lettern an einem Straßenbaum (ob ich das im Auto vorbeirasend wahrgenommen hätte?).

Plötzlich wird es grün und bleibt so tatsächlich für die nächsten 30 km! Die Via Baltica führt auf dem Alsterwanderweg bis in die Innenstadt von Hamburg.

Was für ein Weg! Immer am Alsterlauf entlang, mal in Sichtweite, mal etwas weiter weg. Mal über eine Brücke, dann wieder Bänke zum Ausruhen. Wie grün Hamburg ist! Man merkt gar nicht, dass man schon längst in der Großstadt ist. Ganz leise sind ab und zu die Geräusche von der Straße zu hören, ansonsten nur Wald und Weg, Spaziergänger, Leute mit ihren Hunden

1 Auf dem Alsterwanderweg bis in die Innenstadt

2 30 km Alsterwanderweg sind in Hamburg gleichzeitig der Jakobsweg

3 Brücken verbinden

und eben wir beiden Pilger. Ich wohne nun schon seit fast 20 Jahren in dieser Stadt, mein Mann ist hier geboren und hat fast sein ganzes Leben in seiner Heimat- und Lieblingsstadt verbracht, aber beide sind wir total begeistert und fasziniert von diesem „Einmarsch“ auf der Via Baltica in die Millionenmetropole.

Brücken verbinden Dinge, die getrennt sind.

Wo könnte, möchte ich Brücken bauen in meinem Leben?

Verlaufen kann man sich trotz der ab und zu sich verästelnden Wege im Prinzip nicht, da die grobe Orientierung immer der Alsterlauf ist. Witzig sind die Wegmarkierungen: Zuerst ist ein P auf einem gelben Dreieck zu sehen – das steht für den Stadtteil Poppenbüttel. Ab dort ist dann ein O auf gelbem Dreieck – für Ohlsdorf. Und danach ein H für Hafen.

Als wir schließlich in Poppenbüttel in die S-Bahn steigen, sind wir plötzlich in einer „anderen Welt“. Mensch, das gibt's ja auch noch! Leute kaufen ein, kommen von der Arbeit oder fahren mit der S-Bahn sonst wohin. Wir jedenfalls fahren jetzt nach Hause (geht so ungewohnt schnell ...), denn dort ist unsere heutige, ganz private Pilgerherberge.

© Heike Götz

1

TAG 23

Hamburg/Poppenbüttel–Hamburg/Zentrum

Radfahren, joggen, spazieren, paddeln, rudern, in der Sonne liegen, auf Spielplätzen sein, Kaffee trinken, Freunde treffen, grillen und chillen ... ganz Hamburg ist draußen! Sowie das Wetter es einigermaßen zulässt, geht's raus in den Park oder ins Café.

Der Alsterwanderweg und damit die Via Baltica nähert sich immer mehr der Innenstadt und wird immer belebter. Wir beiden Pilger sind mit unserer Outdoorausrüstung ein bisschen wie Außerirdische im Hamburger Sonntags-Chic. Aber – das ist Hamburg: Leben und leben lassen! Niemand nimmt wirklich Notiz von uns.

1 Wegweiser nach Poppenbüttel

2 Am Alsterlauf

3 Hamburg – meine Perle

1 **Der katholische St.-Marien-Dom in St. Georg**

2 **Ganz Hamburg ist draußen!**

3 **Der Pilgerweg führt durch das belebte St.-Georg-Viertel**

4 **Respekt**

5 **Eppendorf mit Muschel**

Wir kommen durch immer vertrautere Gegenden, erfahren, dass es in Hamburg-Eppendorf tatsächlich eine Alsterinsel gibt, und stehen dann auch schon an Hamburgs Perle, der Außenalster, mit dem schönsten aller Blicke auf Hamburg, wie ich finde. Viele Male war ich schon hier und kann mich immer wieder daran erfreuen. Der Pilgerweg führt durch die teuren Wohnviertel rund um die Außenalster, und dann geht es durch das belebte Szeneviertel St. Georg. In der „Langen Reihe" sind die Straßencafés voll. Es ist ein komisches Gefühl, hier zu pilgern. In der eigenen Stadt! Ruhe finden wir im St.-Marien-Dom gleich um die Ecke. Eine Oase mitten in der Stadt. Hier fühle ich mich wieder als Pilgerin.

Andere haben andere Bedürfnisse. Respektiere ich das? Nehme ich Rücksicht? Bin ich tolerant?

Michel bei Nacht

Im Michel

TAG 24

Hamburg/Zentrum–Wedel

Es gibt in Hamburg natürlich etliche Pilger-Übernachtungsmöglichkeiten in Hostels, Jugendherbergen oder auch in Kirchgemeinden wie zum Beispiel der finnischen Seemannskirche. Detlef und ich haben wieder zu Hause übernachtet, weil wir in Hamburg wohnen. Bei unserer NDR-Pilgerreise vor ein paar Jahren haben wir in einem der ungewöhnlichsten und vielleicht auch typischsten Orte übernachtet, im Seemannsheim direkt neben dem Michel. Mehr Hamburg geht eigentlich nicht. Das Heim der Deutschen Seemannsmission bietet Seeleuten eine günstige häusliche Übernachtungsmöglichkeit, wenn sie einen längeren Aufenthalt im Hamburger Hafen haben. Das Heim ermöglicht Privatsphäre und Ruhe, denn unsere oft romantischen Vorstellungen von der „christlichen Seefahrt" stimmen so schon lange nicht mehr. Harte Arbeit, kaum Privatsphäre und das Zusammenleben mit vielen Menschen unterschiedlichster Religionen und Mentalität bergen viel Konfliktstoff. Die Seemannsmission, die in vielen Häfen der Welt Ansprechpartner für die Seeleute ist, hat mich bei meinem kurzen Pilgerbesuch beeindruckt. Nur wenn Plätze frei sein sollten im Haus, werden auch Pilgerinnen und Pilger aufgenommen. Wir hatten damals Glück. Vom Fenster sah ich direkt auf den Michel und hörte abends den „Türmer", einen Trompeter, der jeden Abend und jeden Morgen vom Kirchturm einen Choral in alle vier Himmelsrichtungen bläst. Diese Tradition gibt es seit 300 Jahren in Hamburg. Früher war es das Zeichen zum Schließen und Öffnen der Stadttore. Heute freuen sich sicherlich viele Anwohner am Fortbestand dieser „Hamburgensie", und, wer weiß, vielleicht regt der Choral den ein oder anderen in der geschäftigen Innenstadt zu einem Moment des Innehaltens an.

Ich wünsche mir Respekt.

Gehe ich respektvoll mit anderen um?

Pilgerwegweiser vor der Jacobikirche Hamburg

Als Pilgerin vor der „Elbphi" – was für ein Erlebnis!

Eine sehr gute Anlaufstelle für Pilgerinnen und Pilger ist auch die Jacobikirche mitten in der City. Schon im 12. Jahrhundert war diese Kirche für Pilger da, und der Tradition folgend gibt es seit 2008 wieder einen hauptamtlichen Pilgerpastor. Bei Pastor Bernd Lohse und seinem Team laufen sozusagen alle norddeutschen Pilgerfäden zusammen. In der Jacobikirche ist das norddeutsche Pilgerzentrum mit einer ansprechenden Pilgerkapelle. Es ist ein Ort für Begegnung und Service. Viele Informationen zu den verschiedenen Pilgerwegen in Deutschland und Europa liegen bereit. Wer möchte, kann das Gespräch suchen oder auch symbolisch einen Stein ablegen für Lasten, Dank und Bitten. Wer es wünscht, bekommt hier einen Pilgersegen für den Weg.

Die Via Baltica führt nun hinunter zur Elbe mit Blick auf Hafen, Elbphilharmonie und Speicherstadt. Was für eine Aussicht! Wie oft waren Detlef und ich hier schon spazieren! Doch Pilgern durch die eigene Stadt ist anders als ein Spaziergang.

Wir achten weiterhin auf die Muscheln und gelben Pfeile, haben ein klares Tagesziel und einen forscheren Schritt. Gleichzeitig sehe ich Hamburg heute mit den Augen einer Pilgerin, einer Durchreisenden, einer Fremden. Ich entdecke mir bis dahin unbekannte Straßen und Viertel. Auf einem normalen „Sonntagsspaziergang" würden wir wahrscheinlich nicht durch die Fisch-Großmarkt-Meile gehen. Heute aber sind Detlef und ich Pilger in unserer eigenen Stadt. Das ist ein ganz anderes Gefühl.

1 Ein typischer Hamburg-Blick

2 Pilgern durch St. Pauli

3 Hafenblick

4 Na denn schnell noch was essen …

Die Orientierung ist ganz klar. Es geht immer entlang der Elbe bis nach Wedel. Das ist ein sehr schöner Weg. Ein Panoramaweg! Trotz des Regens, der uns von Övelgönne bis Wedel begleitet. (Hamburg macht also seinem Schietwetterklischee heute alle Ehre.) Der Vorteil: Auf dem sonst beliebten Weg sind wir bei diesem Wetter fast allein. Es sind nur wenige Ausflügler unterwegs. Graue Wolken, graue Elbe – das hat auch was!

Museumshafen Övelgönne

Die Elbe, unser großer Fluss, die Verbindung zum Meer und damit zur Welt. Hamburg und die Hamburger haben sich schon immer mit ihrem Hafen, mit Schiffen, mit dem Tor zur Welt identifiziert. Es ist ein besonderer Stolz darauf, auch wenn die Mündung in die Nordsee tatsächlich noch etwa 100 km entfernt ist. Hamburg ist mit dem Handel reich geworden. Das Fremde, das Vielfältige, auch das Weltoffene ist Teil des Hamburger Selbstverständnisses.

Unterwegs gibt es viel zu entdecken wie die Ringelnatz-Treppe. Sofort denken wir heute als Fußgänger an das wunderbare Gedicht von Joachim Ringelnatz:
In ***Hamburg*** *lebten zwei Ameisen, die wollten nach Australien reisen. Bei Altona auf der Chaussee, da taten ihnen die Beine weh. Und da verzichteten sie weise dann auf den letzten Rest der Reise. So will man oft und kann doch nicht und leistet dann recht gern Verzicht.*

Blankenese

1 **Der „Alte Schwede" ist 4,5 Meter hoch und wiegt über 200 Tonnen**

2 **Botschaft am Weg**

3 **Elbe am Morgen**

4 **Nächste Botschaft am Weg**

Wir sehen den „Alten Schweden", den Riesenfindling am Elbstrand, der 1999 bei der Elbvertiefung an Land geholt wurde. Oder die Botschaft „Ich liebe Dich" am Wegesrand. Noch während ich überlege, wer wohl wem diese Botschaft geschrieben hat, sehen wir auch schon den zweiten Stein: „Ich Dich auch". Aha!

Langsam wird es ländlicher und auf der anderen Elbseite ist das riesige Airbus-Werk mit eigener Start- und Landebahn zu sehen. Es gibt Hinweise auf Fähren über die Elbe, wovon wir eine morgen nehmen werden. Ab dem Schulauer Fährhaus geht es mit dem Schiff ins Alte Land. Tschüß, Hamburg!

GASTKOMMENTAR

„Das Pilgern" gibt es nicht

Gepilgert wurde und wird in allen Weltreligionen, um mit der jeweiligen Gottheit Verbindung aufzunehmen. Pilgern ist Wandern mit Gott. Ich begegne aber auch vielen, denen dieser spirituelle Bezug scheinbar nicht wichtig ist. Wenn ich mich aber mit ihnen unterhalte, dann erlebe ich, dass sie genauso wie pilgernde Christen in der Auseinandersetzung mit sich selbst und nach etwas universell Größerem sind.

Auf dem Pilgerweg unterwegs zu sein hat den Vorteil, dass wir hier in Europa viele wunderbar ausgeschilderte und ausgearbeitete Wege vorfinden, an denen man leicht Unterkünfte und hilfreiche Informationen findet. Auch wenn dies das Orientieren erleichtert, muss beim Pilgern jede*r für sich den richtigen Weg finden und jede*r kann nur für sich seinen/ihren nächsten Schritt gehen. Daher ist für mich auch jeder ausgeschilderte Pilgerweg nur ein Vorschlag. Es ist einfacher, dem ausgeschilderten Weg zu folgen, aber man muss es nicht. Die Pilger*innen vergangener Zeiten sind auch nicht immer gleich gelaufen, und manche Wege sind durch modernen Straßenbau als Pilgerweg nicht mehr attraktiv.

Jeder Pilgerweg, den ich gelaufen bin, hatte auch etwas von meinem Leben. Mal bin ich nur nach der Ausschilderung gelaufen, gemütlich oder auch schlicht Kilometer schrubbend, und mal bog ich vom Weg für zwei Tage ab. Ich habe auch mal einen Weg abgebrochen, weil ich massive unklare Schmerzen im Bein hatte und mir dadurch klar wurde, dass gerade nicht Pilgern anstand, sondern ich nun endlich ein Projekt beenden musste.

Pilgern hat sehr viel mit meinem eigenen Leben zu tun. Pilgern ist kein Hobby oder Lifestyle, es ist für mich eher eine Lebensphilosophie und Teil meines Lebens, eines Menschen, der bewusst lebt, sucht und hinterfragt. Hierfür spricht, dass ich mir wohl noch nie spezielle Ausrüstung für die Pilgertouren gekauft habe. Ich finde, das bringt eine besondere Authentizität mit sich. Die Kleidung, die ich beim Pilgern dabeihabe, ist aus Naturfaser, die ich auch im normalen Leben gern trage. Beim Pilgern brauche ich meist weniger als gedacht. Im Sommer und Herbst habe ich viel reifes Obst am Wegrand auflesen können oder ich konnte sehr günstig oder kostenlos übernachten. Was ich fürs Pilgern brauche und womit ich mich vom Wandern abgrenze, ist, dass ich bei den Touren ein Tagebuch dabeihabe. Diese Bücher binde ich mir einfach mit Fadenheftung selbst. Neben den Tageseintragungen führe ich während des Pilgerns ein Kassenbuch, um danach immer wieder festzustellen, wie wenig Geld ich eigentlich brauche. In dem Heft habe ich einen mir wichtigen Segensspruch, den ich bei den Eintragungen anschaue. Und oben in meinem Rucksackfach liegt ein Kreuz, das ich einst aus Holz eines Birnbaums – aus dem Garten meiner Kindheit – gefertigt habe. Wer pilgert, muss seinen Weg finden. Innerlich und mit den Füßen. Dieses ist mein Weg.

Karsten Schulz

(Bundes)Referent bei der Evangelischen Jugend (aej) zu Themen: ländliche Räume, nachhaltige Ernährung und Landwirtschaft

© Franziska Flügler

Pilgern mit Kind – geht das?

Aus einer Weinlaune heraus beschlossen wir im Sommer 2018, mit kleinem Kind auf der Via Baltica einfach loszugehen – trotz größerer Bedenken anderer. Wir, das sind Mutter, Patentante und die damals zweijährige Tarja.

Zu Beginn stellte sich uns die Frage, wie weit wir selbst – nicht unbedingt wandererfahren –, und vor allem mit Kind, pro Tag gehen können. Deshalb starten wir nun jedes Jahr mit zwei kürzeren Tagesetappen von 10 bis 13 km und steigern uns dann auf bis zu 25 km. So können wir in den ersten beiden Tagen unseren Rhythmus finden und den kindlichen Grenztestungen standhalten. Außerdem ermöglicht uns diese Staffelung viel Zeit, um Spielplätze, Seen und Kirchen am Wegesrand zu entdecken.

Die ländliche Abgeschiedenheit Mecklenburgs ließ von Anfang an ein echtes Pilgergefühl aufkommen. Mehr als einmal standen wir orientierungs- und ratlos in wunderschöner, aber GPS-freier Landschaft. Bewährt hat sich die kindliche Methode: trinken, essen, spielen. Erst dann neu orientieren – Fahrradkarten aus Papier sind unbezahlbar – und darauf vertrauen, dass der Weg über die wackelige Planke des Flusses zum Ziel führt. Nach kurzer Zeit erkannten wir, dass der Pilgerführer interpretiert werden will: „Entlang heckengesäumter Feldwege" bedeutet nichts anderes als endlose, langweilige Feldwege. Oft mussten wir die geländegängige Sportkarre mit Kind über diverse Baumstämme heben oder auf steile Anhöhen schieben.

Die Aussicht auf diese täglichen Abenteuer lösten von Anfang an auch bei Tarja Begeisterung aus. Tarja hat natürlich den Vorteil, in für sie unattraktiven Abschnitten entspannt im Wagen sitzen und gelegentlich schlafen zu können. Auf spannenderen Streckenabschnitten, wie zum Beispiel kurvigen Wegen, dichten Wäldern und grünen Wiesen, lief Tarja von Anfang an gern selbst und steigerte ihr tägliches Laufpensum jedes Jahr erheblich.

Aus ihrer Position in der Sportkarre sieht sie oft als Erste und manchmal sogar als Einzige die teilweise versteckt angebrachten Wegmarkierungen. Dieses Muschelsuchspiel wird immer wieder um neue Spiele ergänzt: Ich sehe was, was du nicht siehst, Lieder summen, Geschichten raten, Rätselfragen beantworten usw. Hinzu kommt die Suche nach Kirchtürmen und die stets damit verbundene Frage, ob es wohl eine offene Tür geben wird. Vor unserer Ankunft lässt sich nie abschätzen, ob die Kirchräume selbst oder die Orgeln eine größere Faszination auf Tarja auslösen werden.

Zu den vielen Tageseindrücken zählen auch die Zielorte und die Unterkünfte, die es zu erkunden gilt. Deshalb kehren wir meistens am frühen Nachmittag in der zuvor reservierten Pilgerunterkunft ein. Besonders gute Erfahrungen haben wir mit den kirchlichen und privaten Unterkünften gemacht. Ein großer Gemeindesaal bietet Bewegungsfreiheit, meistens ein paar Spiele, Stifte oder Spielgeräte vor dem Haus. Tarja hat von Anfang an einen eigenen Rucksack in ihrer Sportkarre und zeitweise selbst auf dem Rücken. Dieser enthält Dinge, die sie täglich aus- und einpacken muss: Schlafsack, Zahnbürste, Flipflops, aufblasbares Kopfkissen, Schlafsack und zwei kleine Kuscheltiere, jedoch kein Spielzeug. Mit der Zeit füllen sich die Seitentaschen des Rucksacks und der Sportkarre auf wundersame Weise mit kleinen Schätzen wie Prospekten, Steinen und Federn.

Der bloße Anblick von uns – im ersten Jahr mit rosa Toilettensitz – bietet immer wieder Gesprächsanlass mit Menschen entlang des Weges. Die Reaktionen reichen von Unverständnis über Belustigung bis hin zu Bewunderung. Das Pilgern mit Kind scheint ein völliges Einstellen auf dessen Bedürfnisse zu erfordern. Uns wurde jedoch schnell bewusst, dass sich diese gar nicht von unseren unterscheiden: Leben im Jetzt, Reagieren auf unerwartete Ereignisse und Wahrnehmen der grundlegenden Bedürfnisse wie Hunger, Durst und Müdigkeit. Also werden (Essens-)Pausen möglichst auf Spielplätzen eingelegt, die sich in regelmäßigen Abständen in der Nähe von Kirchen, auf Dorfplätzen und auf Schulhöfen finden lassen. Wer mit Kind unterwegs ist, weiß um die Bedeutung ausreichender Wegzehrung. Beim Pilgern auf der sehr dünn besiedelten Via Baltica ist sie existenziell. Dies erfordert eine gute Planung und rechtzeitiges Einkaufen. Zum Glück bietet die Sportkarre ausreichend Platz, auch für eine am Griff befestigte Kühltasche. So können Gurken, Äpfel, Brot und energiereicher, vegetarischer Brotaufstrich sowie kleine zuckerhaltige Leckereien problemlos transportiert werden. Nicht zu vergessen eine ausreichende Menge Wasser – zum Trinken, aber auch um kleinere Malheure zu reinigen.

Natürlich erleben, testen und erweitern wir alle immer wieder die eigenen Grenzen, was besonders bei Tarja, inzwischen fünf Jahre alt, zu großen Entwicklungssprüngen führt. Doch die Bewältigung schwieriger Etappen schweißt uns zusammen. Diese intensive Qualitätszeit ermöglicht trotz großer Distanz im Alltag eine intensive Beziehung zwischen Patenkind und -tante. Aus diesem Grund werden wir weiterhin jedes Jahr „Patenpilgern", wie der Hamburger Pilgerpastor es so schön nannte, und vielleicht erreichen wir pünktlich zur Konfirmation Santiago de Compostela.

Tarja mit Mutter und Patentante
Franziska Flügler und Stephanie Thieß,
Lehrerinnen

© Stephanie Thieß

Pilgerweg

Wedel–Bremen

Lühe – Steinkirchen – Guderhandviertel – Neuenkirchen – Horneburg – Daudieck – Issendorf – Harsefeld – Hollenbeck – Kakerbeck – Oersdorf – Kohlenhausen

KAPITEL 5

KAPITEL 5: Wedel–Bremen

„Hinterm Horizont geht's weiter"

(Udo Lindenberg)

TAG 25

Wedel–Harsefeld

Der Tag beginnt mit einem Highlight: Mit der Fähre geht es 25 Minuten lang über die Elbe. Morgens bei schönstem Sonnenschein! Wir legen am Schulauer Fährhaus ab, der berühmten Schiffsbegrüßungsanlage am Hamburger Stadtrand. Jedes Schiff, das in den Hamburger Hafen einfährt oder ausläuft, wird hier begrüßt oder verabschiedet. Mit Flagge, Nationalhymne und einem gesprochenen Gruß. Viele Touristen kommen hierher, um das liebenswürdige Ritual zu erleben. Noch ist es allerdings früh am Morgen und es ist nichts los am „Willkomm Höft".

Ich genieße die fast halbstündige Seefahrt, denn sofort fühle ich mich in einer anderen Welt. Wasser, Schiffe, Segelboote, Leuchtturm und Elbstrand – es kommt Küstenfeeling auf. Als wenn es auf eine Insel ginge! Dabei setzen wir doch nur über die Elbe. Aber wie breit die hier schon ist! Es geht rüber ins „Alte Land".

Ab jetzt sind wir in Niedersachsen, dem vierten Bundesland auf der Via Baltica. Die nächsten Kilometer durchs Alte Land sind wie eine kleine Reise durch eine andere Zeit. Der Weg führt immer auf dem Deich dicht an den hübschen alten Häusern vorbei. Manchmal hat man das Gefühl, man läuft den Bewohnern direkt durchs Wohnzimmer.

1

© Heike Götz

1 Die Schiffsbegrüßungsanlage in Wedel

2 Seefahrt über die Elbe

3 Da geht´s hin!

4 Besonderer Willkommensgruß auf der anderen Elbseite

5 Pilgergruß vor einem Altländer Haus

6 Weg durchs „Wohnzimmer"

1 Alles ist picobello in Ordnung

2 … an den typischen Altländer Häusern

3 … mit Schmuckgiebeln und Inschrift

4 Holländerbrücke

5 Kopfsteinpflasterallee hinter dem Hof Daudieck

© Heike Götz 4

5 © Heike Götz

Die typischen Altländer Häuser mit ihren Schmuckgiebeln sollten früher den Reichtum der Bauernfamilien zeigen. Das Alte Land ist seit jeher berühmt für den Obstanbau. Vor allem Äpfel und Kirschen werden hier massenhaft angebaut. Das Klima und der Boden sind ideal dafür.

Und an einem der sanierten Häuser eine Inschrift wie aus einem Lieblingsbuch von mir: „Altes Land" von Dörte Hansen. „Dit Hus ist min un doch nich min. De no mi kumt, nennt ok noch sin." Es geht in dem Roman viel um Heimat, Fremdsein, Zugehörigkeit. Themen, mit denen wir alle irgendwie verbunden sind. Ob wir wollen oder nicht.

Das Flüsschen Lühe ist immer ganz nah. Wir gehen auf dem Deichweg. Die Orte im Alten Land haben so schöne Namen wie Steinkirchen, Mittelnkirchen oder Neuenkirchen. Auch Guderhandviertel, was in meinen Ohren irgendwie schon holländisch klingt. Kein Wunder, die Holländer haben mit ihrer Kunst, Land zu entwässern, Kanäle und Deiche zu bauen, das Alte Land ursprünglich geschaffen. Denn es war vorher immer wieder von der Elbe überflutetes Land. Und daher bis heute so fruchtbarer Boden, eben Marschland.

Dann ziemlich plötzlich ist das Alte Land zu Ende. Kurz vor Horneburg unterqueren wir eine Autobahn und sind ab jetzt in der Geest. In Horneburg auf dem Marktplatz gibt es ein nettes Café für eine Pause, und dann wird's grün. In Daudieck führt eine Kopfsteinpflasterstraße direkt durch einen alten Hof. Eine schöne Atmosphäre umfängt uns. Wir lesen, dass das Gut früher zum Kloster Harsefeld gehörte. Heute ist es ein Biohof.

Die Gegend hier ist schon sehr lange besiedelt. Auf Hinweistafeln lesen wir etwas von der „Nekropole Daudieck", einer Stadt der Toten. Die ältesten Gräber, die Archäologen hier in Grabhügeln entdeckt haben, sind 4500 bis 5000 Jahre alt, also so alt wie die Pyramiden!

1 Pilgerquartier in der katholischen Kirche Harsefeld

2 Pilgergrüße in Hollenbeck

3 Pilgerstempel am Weg

Im nächsten Ort Issendorf führt der Weg plötzlich scharf rechts zwischen zwei Häusern entlang, und ab jetzt sind wir bis Harsefeld auf dem Aue-Wanderweg, einem sehr hübschen und informativen Naturweg am Flüsschen Aue entlang. Harsefeld, unser Tagesziel, ist ein lebendiges Städtchen. Pilgerherberge ist in der katholischen St.-Michael-Kirche. „Das ist nicht die große evangelische, sondern die versteckt liegende kleine Kirche, eben die katholische“, sagt mir die Pilgerverantwortliche Maria Schümmele gut gelaunt am Telefon. Wir freuen uns über die herzliche Aufnahme, das liebevolle Quartier und die Stille in der modernen Kirche. Der Eingang zu unserem Raum samt Küchenzeile und Bad ist direkt neben der Orgel. So sind wir also heute Nacht besonders gut behütet.

TAG 26

Harsefeld–Zeven

Wir haben inzwischen so etwas wie eine Pilgerroutine. Morgendliche Meditation (wenn möglich in einer der Kirchen), einen Kaffee und ein kleines Frühstück, Rucksack packen, Quartier ordentlich hinterlassen, und los geht's. Schnell sind wir aus Harsefeld raus und im Grünen. Es geht, wie wir es kennen, auf kleinen Straßen und Wegen immer weiter auf unserer vertrauten Via Baltica. Unser heutiges Ziel ist Zeven. 30 km. Das ist ambitioniert, zumal für den Nachmittag Gewitter angesagt sind. Es ist schwülwarm. Nicht gerade ideales Laufwetter.

Auch die Feld- und Wirtschaftswege durch die landwirtschaftlich geprägte Landschaft hauen mich heute irgendwie nicht vom Hocker. Nichts Besonderes, denke ich beim Laufen, fast langweilig. Und dann stelle ich irgendwann für mich fest, wie schön es doch ist, einfach so laufen zu dürfen. Ich bin gesund, meine Füße und der gesamte Körper haben keine nennenswerten Blessuren, ich habe alles, was ich brauche, und ich nehme mir die Zeit für so einen Pilgerweg. Was würde ich denn sonst heute machen an einem ganz normalen Donnerstag? Steuererklärung? Einkaufen? Im Büro sein? Und wäre ich jemals nach Hollenbeck oder Heeslingen gekommen? Hätte ich etwas über einen Kavernenspeicher, über Riesenfindlinge und den Napoleonweg

4 Riesenfindling Kokerbiki
5 Schnurgerader Napoleonweg

erfahren? Wäre ich im Bürgerbus in Zeven der netten Busfahrerin begegnet? Wäre ich im Regen und in der schwülen Wärme heute überhaupt aus dem Haus gegangen? Es ist eben immer unsere eigene Entscheidung, wie wir die Welt sehen wollen. Glas halb voll oder halb leer? Meine Befindlichkeit ist rein subjektiv und hat überhaupt nichts mit dem jeweiligen Außen zu tun, merke ich heute ganz deutlich.

Empfinde ich Dankbarkeit für die Dinge, die mir gegeben werden?

Hollenbeck, das erste Dorf nach Harsefeld, ist ein sehr hübsches und vor allem pilgerfreundliches Dorf. Am Eingang eine große geschmiedete Muschel und am Dorfausgang eine Pilgerbank mit Stempelkasten. Dazu ein paar Informationen für Vorbeikommende über die Via Baltica, die Via Romeo und die Via Jutlandica, die hier alle parallel laufen. Danke, ihr lieben Pilgerfreunde in Hollenbeck, für dieses aufmunternde „Buen Camino"! Ja, eine freundliche Geste (nicht nur auf diesem Weg) ist etwas Wunderbares und wir haben keine weiteren Aufgaben, außer zu laufen. Schritt für Schritt, Kilometer für Kilometer.

Dann kommt Kakerbeck (oder Kokerbiki). Auf einem Riesenfindling wird uns der Weg gewiesen. Auch hier gibt es eine schöne Informationstafel. So erfahren wir, dass Kakerbeck am ältesten Herr-, Handels- und Pilgerweg im Elbe-Weser-Dreieck liegt. Schon vor etwa 1000 Jahren gingen hier Soldaten, Händler und Pilger auf diesem Weg, manche Richtung Rom, Jerusalem und Santiago de Compostela. Was für eine Tradition, in die wir uns einreihen!

Fast schnurgerade geht nun der sogenannte Napoleonweg über viele Kilometer. Unterwegs weitere Riesenfindlinge mit Inschriften. Es gibt den „Welfensteen", der daran erinnert, dass das Königreich Hannover 1866 preußische Provinz wurde. Oder den „Flüchtlingssteen", der ein Mahnmal gegen Krieg und Vertreibung sein soll und an die vielen Millionen Flüchtlinge nach dem Zweiten Weltkrieg erinnert. Und dann gibt's noch den „Fleegersteen", der an ein Flugzeug erinnert, dass hier 1945 notgelandet ist.

Pausenbank auf dem Napoleonweg

Dankbar sind wir über Pausenbänke hier und da. Auch über die weite Sicht ins Land, das Vogelgezwitscher und über die wechselnden Untergründe. Mal sind es Betonplatten, dann mal Sand, später Schotter. Aber der Weg zieht sich, vor allem weil er so schnurgerade ist.

Schließlich entscheiden wir, als wir endlich glücklich in Heeslingen ankommen, dass hier nach 22 km das Ende unserer heutigen Tagesetappe sein soll. Wir kaufen im Supermarkt etwas fürs Abendessen und für das morgige Frühstück und steigen in den Bürgerbus nach Zeven. Wie schnell doch 8 km im Bus bewältigt sind! Außerdem haben wir eine nette Fahrerin, die uns etwas über ihre ehrenamtliche Arbeit im Bürgerbus erzählt. Super Sache, sowohl für die Zevener als auch für uns heute. Quartier haben wir auf einem landwirtschaftlichen Hof am Ortsausgang von Zeven, dem „Hof an der Aue". Er ist neben der Biolandwirtschaft auf Gruppen eingerichtet. Da viel Platz ist, kommen wir bequem unter. In der Gemeinschaftsküche können wir kochen, und während es draußen regnet und gewittert, verbringen wir den Nachmittag in aller Ruhe und vor allem trocken und warm im großen Gästehaus.

TAG 27
Zeven–Otterstedt

Heute kommt bei mir schon so was wie ein kleiner Abschiedsblues auf. Nur noch drei Tage! Wie schnell doch die Zeit vergeht!

Unsere Gastgeberin vom Biohof begleitet uns ein kleines Stück mit ihrem Hund. Ein nettes Gespräch und „Guten Weg", und schon sind wir wieder mit flottem Schritt unterwegs.

Der Himmel ist heute wieder blau und norddeutsch weit. Der Weg ist einsam und geht nur durchs Grüne. Felder, Wälder und stundenlang kein Mensch zu sehen. Dass es so etwas bei uns im Norden überhaupt gibt! Die trüben Gedanken vom Morgen sind passé und ich bin mal wieder hin und weg von unserer norddeutschen Heimat.

© Detlef Lafrentz

© Heike Götz

© Heike Götz

© Heike Götz

1 Spaziergang in Zeven

2 Hinterm Horizont geht's weiter

3 Zwei Birken, zwei Eichen, zwei Birken, zwei Eichen, zwei ...

4 Was für ein Rot!

Ab und an gibt es Pausenbänke, und auf einer sitzend zwischen den Dörfern Steinfeld und Winkeldorf fällt Detlef auf, dass die Baumbepflanzung einem Muster gleicht: zwei Eichen, zwei Birken. Und das über Hunderte Meter. Immer im selben Abstand gepflanzt und nach demselben Zweierprinzip. Mir wäre das wahrscheinlich nie aufgefallen, aber Detlef sieht so etwas sofort. Wir spekulieren, wer die Bäume wohl wann gepflanzt hat. Und warum in diesem Muster? Warum nicht drei zu drei oder eins zu eins oder vollkommen wahllos? Und ob es dazu einen Auftrag gab oder der- oder diejenige frei entschieden hat? Wir werden es nie erfahren, freuen uns aber an dieser kleinen besonderen Baumanordnung am Wegesrand. Und wir reden darüber, wie doch jeder die Welt anders wahrnimmt und auf seine Weise Ordnung ins System zu bringen versucht.

1 **Saniertes Niedersachsenhaus mit Pferdeköpfen**
2 **Pilgergruß an der Tür**

Weiter geht es kilometerlang durch grüne Landschaft auf kleinsten Wegen. Manchmal kommen wir durch Dörfer, wie zum Beispiel Benkel. Hier gibt es eine schattige Bank am Haus. Normalerweise setzen wir uns nie einfach auf Bänke, die privat aussehen, aber hier sind wir offensichtlich bei Pilgerfreunden, denn wir entdecken an der grünen Scheunentür eine Muschel und werten sie als gutes Zeichen für eine Pause.

Unterwegs gibt es einige der alten Niedersachsenhäuser mit dem typischen Fachwerkgiebel und den Pferdekopfverzierungen auf der Giebelspitze. In diesen traditionellen Bauernhäusern waren früher oft Wohnung, Stall und Erntelager unter einem Dach.

Nun kommt der Endspurt nach Otterstedt. Die pilgerfreundliche Kirchgemeinde hat sich einen netten Willkommensgruß ausgedacht – eine Fußbadschüssel. Wie aufmerksam und wohltuend. Das macht die fehlende Dusche sofort vergessen. Die Kirche ist offen und es gibt einen Dorfladen, den die Otterstedter selbst betreiben. Voller Stolz erzählen Frau Kruse und Frau Koldehofe, die beiden Pilgerverantwortlichen, von diesem jüngsten Dorfprojekt. Natürlich gehen wir später dort einkaufen und bekommen alles für Abendessen und Frühstück. Die Küche im Gemeindehaus ist groß und wir können

3 Pilgerfreundlicher Hof mit Bank in Benkel

4 Eine Kerze für einen lieben Menschen anzünden

5 Ein super Willkommensgruß in der Pilgerherberge Otterstedt

6 Kirche in Otterstedt

7 Alle wissen Bescheid – am Gemeindehaus Otterstedt

uns bestens versorgen. Im gemütlichen Pilgerzimmer unterm Dach liegt inspirierende (Pilger-)Literatur, worüber ich mich freue. Auf meine Frage, warum sich die Gemeinde so außerordentlich engagiert für die Pilgerinnen und Pilger, sagen mir Frau Kruse und Frau Koldehofe, dass es für sie gelebte Nächstenliebe sei. Das Dasein für Menschen, die unterwegs sind, hat die Kirche schon immer gemacht. Die Pilger gehören inzwischen schon fast zum Ortsbild dazu. Obwohl es etwas gedauert habe, bis die Otterstedter realisiert hätten, dass ihr Dorf am Jakobsweg liegt, seien inzwischen schon einige aus der Gemeinde ein paar Etappen selbst gegangen.

TAG 28

Otterstedt–Lilienthal

Wir haben in der wunderbaren Herberge geschlafen wie die Murmeltiere, und frisch geht's wieder los. Alles ist grün um uns herum. Viel Natur. Auf einsamen Wegen geht es durch das flache Land der Wümmewiesen. Die Wümme fließt hier in mehreren Flussarmen durch die weite Wiesenlandschaft. Hin und wieder ein Spaziergänger mit Hund, ansonsten sind wir ganz allein. Nur ein paar Vögel über uns.

Die Landschaft ist so ruhig und fast unwirklich. Wir können nachvollziehen, dass diese flache Landschaft mit dem weiten Himmel immer auch Künstler anzieht. Der Maler Otto Modersohn hat in Fischerhude gelebt, als seine heute berühmte, damals aber wenig bekannte Frau Paula Modersohn-Becker mit nur 31 Jahren gestorben war. Die Künstlerkolonie Worpswede, in der die beiden ein paar Jahre lebten, ist ebenfalls nicht weit von hier entfernt. Durch Fischerhude führt also die Via Baltica. Zu Zeiten der Modersohns ein Dorf, heute ein Ort mit Galerien, Museen und Cafés. Der Glanz, den die Künstler vor etwa 100 Jahren dem Ort gaben, wirkt bis heute nach. Ein Ausflug hierher lohnt auf alle Fälle einmal, allerdings dann ohne Rucksack und Regenkleidung, die wir kurz vor Fischerhude angezogen haben und bis zu unserem Tagesziel kurz vor Bremen tragen werden.

Also erst einmal unterstellen und abwarten. Der Regen wird aber nicht weniger, sondern mehr und geht in ein starkes Gewitter über. Fast zwei Stunden Regenpause in einem Café. Puh! So viel Kaffee kann man gar nicht trinken ... Irgendwann regnet es weniger und das Gewittergrummeln kommt mehr aus der Ferne. Wir ziehen weiter.

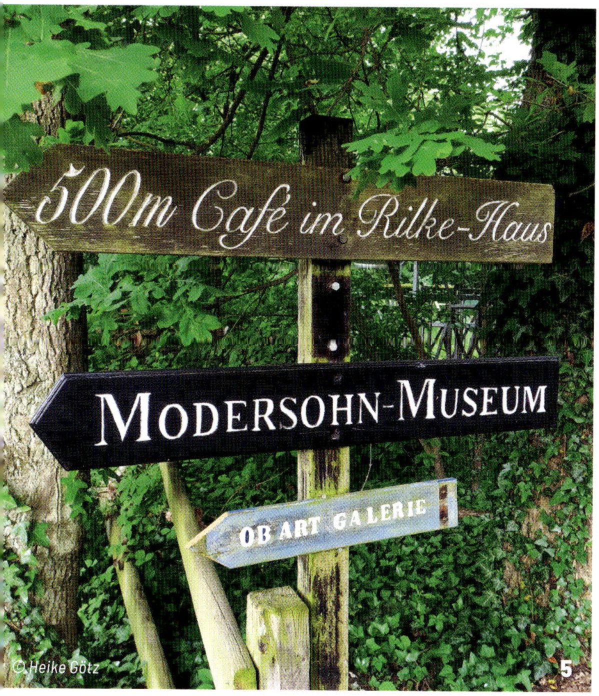

1 Weite Wümmewiesen

2 Der gelbe Pfeil ist zwar hier nicht nötig, beruhigt aber

3 Noch ist die Stimmung gut an diesem Tag ...

4 Alte Kirche in Fischerhude

5 Kunst und Kaffee im Örtchen Fischerhude

6 ... wir müssen weiter, trotz des Regens

eslingen - Offensen - Zeven - Oldendorf - Steinfeld - Winkeldorf - Benkel - Narthausen - Otterstedt - Ottersberg - Fischerhude - Ebbensiek - Borgfeld - Lilienthal - Bremen

Nobler Vorort

Borgfelder Wümmewiesen

Die Erde dampft geradezu. Immer wieder regnet es, mal mehr, mal weniger. Da hilft irgendwann auch die beste Regenjacke nicht mehr. Nass von außen, nass von innen. Jetzt bleibt nur noch: Augen zu und durch! Einfach weitergehen! Wir können uns nirgends mehr unterstellen, denn der Weg führt viele Kilometer durch die „Borgfelder Wümmewiesen". Kein Baum, kein Strauch, nur weites Land. Es ist ein Brut- und Rastgebiet für viele Wat- und Wasservögel. Vereinzelt stehen ein paar Rinder auf den Weiden. Es ist eine ganz besondere Atmosphäre hier, aber ich bin ziemlich k. o. von dem beschwerlichen Weg heute. Der Regen, das lange Gehen durch einsame flache Wiesenlandschaft. Keine Abwechslung fürs Auge, und der glatt geteerte Wirtschaftsweg, der kein Ende nehmen will …

Übernehme ich
Verantwortung
für mein Leben?
Für meine Gesundheit?
Meine Beziehungen?
Meine Umwelt?
Unseren Planeten?

Ich bin so froh, als endlich Borgfeld erreicht ist, ein nobler Bremer Vorort, wie wir an den Häusern auf der anderen Seite der Wümme sehen können. Nur noch ein paar Straßen bis Lilienthal, und da ist unsere heutige Unterkunft. Da wir leider nicht in der Gemeinde unterkommen können, weichen wir erstmals auf der Via Baltica auf ein Hotel aus. Jetzt erst mal alle Sachen inklusive der durchnässten Schuhe trocknen und die Pilgerkrise ausschlafen … Die ständige Anforderung auf dem Weg kann auf Dauer nicht ohne Auswirkung bleiben, sage ich mir. Heute fühle ich mich über-

Durch Bremens schicke Vororte

fordert vom Weg, der Nässe und Kälte. Zweifel, ob ich mir zu viel zugemutet habe. Die Füße schmerzen. Warm duschen und einfach liegen. Möchte ich morgen überhaupt noch bis Bremen gehen oder mit der Straßenbahn bis zum Dom fahren? Die Haltestelle ist genau vor dem Haus ...

TAG 29

Lilienthal–Bremen/Dom

Wie heißt es so schön? Der Morgen ist klüger als der Abend. Das Lächeln eines anderen Pilgers (meines Mannes) verändert meine Welt. Gehen wir weiter? Na klar!

Es ist doch immer wieder erstaunlich, wie sehr man sich über Nacht regenerieren kann. Die Idee von gestern Abend, mit der Straßenbahn ins Zentrum zu fahren, ist heute Morgen überhaupt nicht mehr stimmig. Wir lassen uns Zeit beim Frühstück und reden viel. Wir haben heute nur noch 11 km vor uns. Dann sind wir am Dom und damit am Ziel. Aber was heißt denn Ziel? So wie wir den Start in Swinemünde subjektiv gewählt haben, so ist es auch mit dem Endpunkt in Bremen. Der Jakobsweg hört doch hier nicht auf. Und selbst wenn wir immer weitergehen und tatsächlich in Santiago de Compostela ankommen – sind wir dann an irgendeinem Ziel? Am Ende eines Weges? „Hinterm Horizont geht's weiter. Ein neuer Tag ...", singt Udo Lindenberg, einer meiner Helden der Jugend und bis heute von mir sehr geschätzt.

Für diesen Pilgerweg in diesem Jahr heißt es jetzt aber, ein letztes Mal den Rucksack packen und losgehn. Vorbei an schmucken Häusern der Bremer Vororte, durch die Wümmewiesen mit schönen Wegen. Jogger, Radfahrer, Hundebesitzer. Die nahe Hansestadt Bremen ist zu spüren.

Dann über die Autobahn (wie schnell doch das Leben da unten ist) und rein in die Stadt. Ein wunderschöner Weg durch den weitläufigen Bremer Bürgerpark führt uns bis in die City.

In die Innenstadt geht es durch den „Friedenstunnel" mit vielen Zitaten aus allen Weltreligionen. Wie passend zu unserem Pilgerweg!

Und dann sind wir plötzlich da: am Bremer Marktplatz mit Dom, Rathaus und Roland. Dieser Pilgerweg, die Via Baltica, endet hier nach 600 km für uns.

Ich bin froh und auch traurig, dass dieses große Projekt nun zu Ende ist. Es braucht etwas Zeit, wieder im Alltag anzukommen. Und mir Fragen zu stellen. Wie kann ich das, was ich auf dem Weg mit mir selbst und anderen erlebt habe, in meinen Alltag integrieren? Bringe ich meine Aufgaben auch im Alltag zu Ende, wie diesen Weg, trotz aller Höhen und Tiefen? Sorge ich für mich (Gesundheit)? Vermeide ich Überflüssiges (Gepäck, Geschwätz, zu viel Essen)? Kann ich mich beschränken und bin mit dem zufrieden, was kommt? Kann ich auch mit nicht so komfortablen Situationen umgehen? Bin ich darauf vorbereitet, dass die Dinge sich verändern? Jedes Ende ist ein Anfang. Das Leben ist **jetzt**.

1 Pilgern durch den Bürgerpark

2 Beeindruckender Friedenstunnel kurz vor der Bremer Innenstadt

3 Es soll Glück bringen, den Esel der „Bremer Stadtmusikanten" zu berühren

4 Bremen – Rathaus und Dom

5 Der Weg geht weiter …

6 Und nächstes Jahr: Santiago de Compostela

© Henrike Kern

Der Weg ist wie das Leben

Als ich im Sommer 2018 zum ersten Mal gepilgert bin, hatte ich noch keine Vorstellung davon, wie sehr mich Pilgern begeistern, wie viel es mir bedeuten wird.

Im steten Trott des Alltags verhaftet, ist Pilgern für mich eine **„AUS"**-Zeit von meinen Verpflichtungen und Terminen. Ich verlasse während einer Pilgerreise täglich meine Komfortzone und stelle mich körperlichen Herausforderungen. Nur mit den nötigsten Dingen im Rucksack mache ich mich auf den Weg, von dem ich nicht weiß, welche Überraschungen er mir bieten wird. Dazu braucht es ein bisschen Mut und viel Vertrauen.

Auf dem Camino unterwegs zu sein, ist Freiheit, sorgt für hohe Zufriedenheit, innere Ruhe und bietet Zeit zum Innehalten. Die Natur, die ich in der Langsamkeit des Gehens beobachte, der Besuch von Kirchen und Klöstern und das Anzünden von Kerzen geben mir Kraft und spenden Trost.

Der Camino ist wie das Leben! Voller Ereignisse, inspirierend, aufregend, erlebnisreich, manchmal auch langweilig, schwierig, schmerzhaft und doch kraftgebend. Es geht geradeaus, bergauf, bergab. Manchmal steht man an einer Kreuzung, muss sich entscheiden, in welche Richtung der Weg gegangen werden will, und am Ende des Weges steht immer der Abschied.

Ja, und dann gibt es diese wertvollen Begegnungen und Gespräche mit anderen Pilger*innen, die Gastfreundschaft der Herbergseltern. Ankommen und Empfangenwerden, am nächsten Morgen loslassen und doch im Herzen tragen. Aufmunternde Worte, kleine Aufmerksamkeiten oder gar eine Einladung an die heimische Kaffeetafel von mir fremden Menschen während oder am Ende eines langen Pilgertages sind so wohltuend, dass manche Unwägbarkeiten schnell vergessen werden. Es sind die kleinen Dinge, die eine Pilgerreise so besonders machen. Dafür bin ich sehr dankbar.

Buen Camino!

Henrike Kern

Human Resources Managerin
in einem internationalen Handelshaus

INTERVIEW

Bernd Lohse, Pilgerpastor in Hamburg

Ich treffe Bernd Lohse an seinem Arbeitsplatz, der Pilgerkapelle in der Jacobikirche mitten in der Hamburger Innenstadt. Wir beide kennen uns von einer sechstägigen Pilgerreise auf der Via Baltica, die wir 2015 gemeinsam gemacht haben. Damals begann unsere Serie „Pilgern im Norden", die über fünf Folgen jährlich im NDR ausgestrahlt wurde. Mit jeweils einer kleinen Gruppe sind der Radiomoderator Philipp Schmid und ich als „Fernsehfrau" von Swinemünde bis Wildeshausen hinter Bremen gepilgert. Bernd Lohse gehörte zu der ersten Pilgergruppe auf dem Abschnitt Swinemünde-Greifswald. Wie unter Pilgern üblich, duzen wir uns selbstverständlich.

Bernd, wie hat sich die Via Baltica inzwischen entwickelt?
Wir wissen durch die vielen Rückmeldungen der Pilgerinnen und Pilger, dass die Via Baltica inzwischen einer der beliebtesten Pilgerwege in Deutschland ist. 2007, als sie offiziell eingeweiht wurde, gab es etwa zehn bis fünfzehn Pilger, heute sind es jährlich zwischen zweitausend und dreitausend.

Sind es vor allem Norddeutsche, die den Weg durch ihre Heimat gehen?
Oh nein, die Pilgerinnen und Pilger kommen aus ganz Deutschland, viele aus den südlichen Bundesländern. Aber zunehmend entdecken auch die Norddeutschen diesen wunderschönen Pilgerweg. Und es sind viele Menschen aus Nordeuropa unterwegs. Sie kommen zu uns über die Via Scandinavica oder den Birgittenweg. Na, und dann gibt es tatsächlich ab und an Spanier, die auf der Via Baltica unterwegs sind, weil es für sie so skurril anders ist.

Was ist anders?
Nun, zum einen ist der Weg viel einsamer als die spanischen Jakobswege. Es sind viel weniger Menschen hier unterwegs. Und zum anderen geht der Weg auch durch wirklich sehr ruhige Gegenden, in denen die Bevölkerungsdichte sehr gering ist. Diese Ruhe und Einsamkeit suchen manche, für andere ist es auch schwer auszuhalten. Die Gastfreundschaft der Kirchgemeinden und privaten Herbergseltern ist aber genauso wie in Spanien. Man kann auch hier ein richtiges Pilgergefühl haben. Es gibt nicht weniger Pilgerinnen und Pilger, die zum wiederholten Male auf der Via Baltica unterwegs sind, weil es ihnen so gut gefällt. Du gehörst ja auch dazu.

Stimmt. Ich war mit meinem Mann auch schon auf dem „Camino Francés" und dem „Camino del Norte". Auch auf dem sächsischen Jabobsweg „Via Regia". Aber die Via Baltica ist doch für mich was ganz Besonders, weil sie eben durch bekannte Gegenden führt.

Bernd Lohse, Pilgerpastor der Nordkirche an der Hauptkirche St. Jacobi in Hamburg

Ja, genau das erleben viele, die sich sozusagen „vor der Haustür" auf den Weg machen. Die eigene Landschaft mit den Augen der Fremden sehen, hat eine ganz eigene Qualität. Und wir registrieren, dass der Pilgerweg auch allmählich in der Bevölkerung ankommt. Die Via Baltica hat ein ganz großes Potenzial.

Du meinst, dass die Menschen am Weg tatsächlich auch etwas davon haben?
Ja, das ist das Schönste, was passieren kann, dass ein Dorf durch die Pilger wieder etwas mehr Leben bekommt, zum Beispiel durch einen kleinen Laden, ein Cafe´ oder eine Übernachtungsmöglichkeit. Das ist alles an den Wegen in Spanien passiert. Je mehr Pilger unterwegs sind, desto mehr haben auch die Einheimischen etwas davon, also finanziell, aber auch ideell: Besucht zu werden, wahrgenommen zu werden ist, tut einfach gut. Ansonsten haben sie natürlich sowieso etwas davon, weil fremde Menschen auch neue Inspiration bringen. Es braucht das Erlebnis der Begegnung.

In den Kirchgemeinden ist das ja so. Ich habe oft gehört, dass es ein Geben und Nehmen ist.
Ja, wir als Kirche werden durch die Pilgerinnen und Pilger wieder an unseren ursprünglichen Auftrag erinnert, nämlich für Menschen da zu sein, ihre körperlichen und geistigen Bedürfnisse ernst zu nehmen.

Arbeiten evangelische und katholische Kirche beim Pilgern zusammen?
Ja, auf alle Fälle. Nur so geht es. Pilgern ist urchristlich und selbstverständlich ökumenisch.

INTERVIEW

Henner Flügger, Pilgerpastor in Bremen

Als Detlef und ich in Bremen am Dom ankommen, ist es Sonntagmittag. Der Gottesdienst ist gerade zu Ende und wie üblich werden die Gottesdienstbesucher vor der Kirche vom Pastor verabschiedet. Gerade hat er dem letzten Besucher einen „Gesegneten Sonntag" gewünscht, als er uns sieht. Mit den Rucksäcken sind wir natürlich sofort als Pilger zu erkennen und er kommt zu uns, um uns zu begrüßen. Es stellt sich heraus, dass wir zufälligerweise dem Pilgerpastor Henner Flügger begegnet sind. Wir haben ein kurzes und inspirierendes Gespräch mit Herrn Flügger. Später rufe ich ihn für dieses Buch noch einmal an:

Herr Flügger, Sie sagten uns bei unserer Begegnung vor dem Dom, dass es immer ein Geben und Nehmen zwischen Pilgernden und der Kirchgemeinde sei. Was meinen Sie damit genau?
Die Gemeinde gibt ein Quartier für eine Nacht, ganz nach ihren Möglichkeiten. Und die Pilgerinnen und Pilger haben etwas zu erzählen. Sie bringen ihre Geschichte mit. So kommt es oft zu sehr schönen und dichten Begegnungen.

Das können wir bestätigen. Und dennoch frage ich mich oft, warum uns die Gemeinden so freundlich aufnehmen. Was haben sie davon?
Für uns als Kirche ist es ein großer Gewinn, wenn Pilgerinnen und Pilger unterwegs sind und sie bei uns zu Gast sind. Wir geben ihnen ein Dach auf Zeit und lassen sie auch wieder gehen am nächsten Morgen. Wir Kirchenleute denken ja oft, dass wir die Leute fest an uns binden müssen in Arbeitskreisen, Zirkeln, Gottesdiensten und so weiter. Die Pilgernden erinnern uns daran, dass es auch in biblischer Zeit unterschiedliche Formen der Zugehörigkeit gab. Jesus hatte die zwölf Jünger, die sehr dicht bei ihm waren. Und dann gab es einen weiteren Kreis von Jüngern und Jüngerinnen, deren Namen wir meistens nicht kennen. Und mancher ist Jesus nur ein Mal begegnet und diese Begegnung hat sein Leben trotzdem verändert. So unterschiedlich die Beziehung der Einzelnen zu Jesus war – jede hat ihre Berechtigung. So ähnlich ist das auch mit den Pilgerinnen und Pilgern, sie haben ihre ganz eigene Form der Begegnung und Zugehörigkeit zur Kirche.

Oder auch gar keine?
Ja, natürlich. Jede und jeder ist bei uns willkommen. Die Motive fürs Pilgern sind so vielfältig wie die Menschen selbst. Wir alle sind aufgefordert, das zu akzeptieren. Da kommen Menschen, die ihre ganz eigene Form der Religiosität, der Spiritualität, der Gottes- und Sinnsuche leben.

Henner Flügger,
Pilgerpastor der Bremischen Evangelischen Kirche am Dom zu Bremen

Ein Kollege von mir sprach einmal von der Kirche als „Karawanserei". Das Bild finde ich sehr schön.

Vertrauen gegenüber Fremden und Gastfreundschaft ist etwas ganz Wertvolles, was man als Pilger unterwegs in den vielen Herbergen erleben kann.

Das Wort „Peregrino", wie Pilger im Spanischen heißt, hat lateinischen Ursprung und bedeutet „Fremder". Für die Ansässigen ist der Pilger also ein Fremder, und wir alle zusammen lernen, den Fremden offen zu begegnen. Die Pilger haben leichtes Gepäck im Vertrauen darauf, dass Fremde vor Ort ihnen ein Dach für eine Nacht geben. Bei einer Pilgerreise lässt man sich permanent auf das Unbekannte und Fremde ein. Und damit wären wir wieder beim Geben und Nehmen. Man kann das einfach nicht mit Geld abrechnen. Pilger und Herbergseltern bezahlen in anderer „Währung".

Sie selbst gehen ja auch oft pilgern und wie Ihr Pilgerpastorkollege Bernd Lohse in Hamburg oft mit Pilgergruppen. Was ist Ihre Aufgabe in so einer Pilgergruppe?

Eine Gruppe gibt Sicherheit und Zugehörigkeit. Viele, die das erste Mal pilgern, fühlen sich so wohler. Eine Gruppe und ich als Pilgerpastor kann auch unterstützen. Oft kommen Menschen mit, die in „Schwellensituationen" sind, also in emotional „wackligen" Lebensumständen wie zum Beispiel Tod, Trennung, Ende der Berufstätigkeit, Krankheit oder auch einem vagen Gefühl, dass sich im Leben etwas ändern muss. Hier können wir Pastoren Gespräche und Hilfe anbieten, im klassischen Sinn Seelsorge. Die Seelsorge ist ja eigentlich eine Haupttätigkeit von uns Pastoren, allerdings ist sie in den letzten Jahren nach und nach aus dem Pfarramt abgewandert in Beratungseinrichtungen. Beim Pilgern mit einer Gruppe geschieht Seelsorge als Begleitung unterwegs, indem man den Weg und das Leben miteinander teilt. Viele Menschen empfinden dieses Angebot von uns als sehr hilfreich.

Nun ist es höchste Zeit, DANKE zu sagen …

Zuerst danke ich sehr herzlich der Geschäftsführerin des Cadmos-Verlages, Brigitte Millán-Ruiz, der Lektorin Barbara Meister und der Grafikerin Gerlinde Gröll. Sie haben meine Idee für einen Reisebericht über die Via Baltica ohne zu zögern freudig angenommen und so wunderbar umgesetzt.

Von Herzen danke ich Philipp, Angelika, Andrea, Bernd, Tini, Patrick, David, Arnhild, Tim, Gundula, Kristina, Klaas, Karsten, Jens und Ilka. Dies sind all meine Mitpilgerinnen und Mitpilger, die mit mir im Laufe von fünf Jahren für jeweils sechs Tage das erste Mal diesen Weg gegangen sind – für die NDR-Sendung „Pilgern im Norden". Wir haben Zimmer, Essen und Blasenpflaster geteilt, haben miteinander gelacht und uns auch manchmal gestritten, haben viel geredet, gesungen und sind mit unseren Rucksäcken noch mehr gelaufen – jeden einzelnen Kilometer auf der Via Baltica von Usedom bis Wildeshausen hinter Bremen. (Und das alles unter ständiger Beobachtung von NDR-Kameras und Mikrofonen.) Einige von Euch haben für dieses Buch einen sehr persönlichen Gastbeitrag über ihre Pilgerreise(n) geschrieben. Dies sind:

- mein geschätzter NDR-Kollege, der Radiomoderator und Musiker Philipp Schmid
- Kristina Lohe, Vorstand im Kloster Volkenroda
- Klaas Grensemann, Diakon im Kloster Bursfelde
- Karsten Schulz, Referent der Evangelischen Jugend mit Sitz in Hannover

Danke, Ihr Lieben!

Ich danke sehr herzlich den seelenverwandten Pilgerinnen: meiner Freundin Henrike Kern und den beiden NDR-Zuschauerinnen Stephanie Thieß und Franziska Flügler. Sie haben ebenfalls über ihre ganz persönlichen Pilgererfahrungen entlang der Via Baltica und anderswo geschrieben.

Herzlichen Dank an Bernd Lohse, dem Pilgerpastor in Hamburg, und Henner Flügger, dem Pilgerpastor in Bremen für die Interviews und ihre engagierte Arbeit für alle Pilgerwege in Norddeutschland.

Ein Danke (mit Herz) meinem Mann Detlef Lafrentz, der mit mir nochmals (ganz privat und ohne Kameras) die 600 km von Usedom bis Bremen gepilgert ist und in jeder Situation für mich wie ein „Fels in der Brandung" war.

Ich danke allen unbekannten Pilgerinnen und Pilgern, die die Idee der Via Baltica mit so viel Engagement und Herzblut in die Tat umgesetzt haben. Viele Ehrenamtliche haben den Weg erkundet und markiert, sie haben Kirchgemeinden überzeugt,

© Heike Götz

© Heike Götz

© Heike Götz

Unterkünfte anzubieten, und sehr viel in den Städten und Gemeinden entlang des Weges bewirkt.

Ich danke den Autorinnen und Autoren der sehr hilfreichen Pilgerführer aus dem Outdoor-Verlag, Gisela Johannßen und Martin Simon, und aus dem Via Baltica Verlag Bernhard Weber. Er aktualisiert auch jährlich Streckenverlauf und Unterkünfte auf seiner Website.

Ich danke den unbekannten Machern der kostenlosen GPX-Daten, die uns oft aus der Orientierungslosigkeit herausgeholfen und uns so manchen ermüdenden Umweg erspart haben.

Ich danke sehr herzlich ALLEN Herbergseltern von Zirchow bis Bremen. Es ist wunderbar, am Weg offene Kirchen und Gemeindehäuser und gastfreundliche Menschen zu treffen. Herzlichsten Dank!

Dank allen unbekannten Pilgerinnen und Pilgern, die vor mir diesen Weg gegangen sind.

Und ich danke Ihnen, liebe Leserinnen und Leser, dass Sie dieses Buch lesen und den Pilgergedanken weitertragen. Ich wünsche Ihnen auf Ihren ganz eigenen Pilgerreisen immer einen ...

„Guten Weg – Buen Camino!".

PILGERWEGE IN DEUTSCHLAND

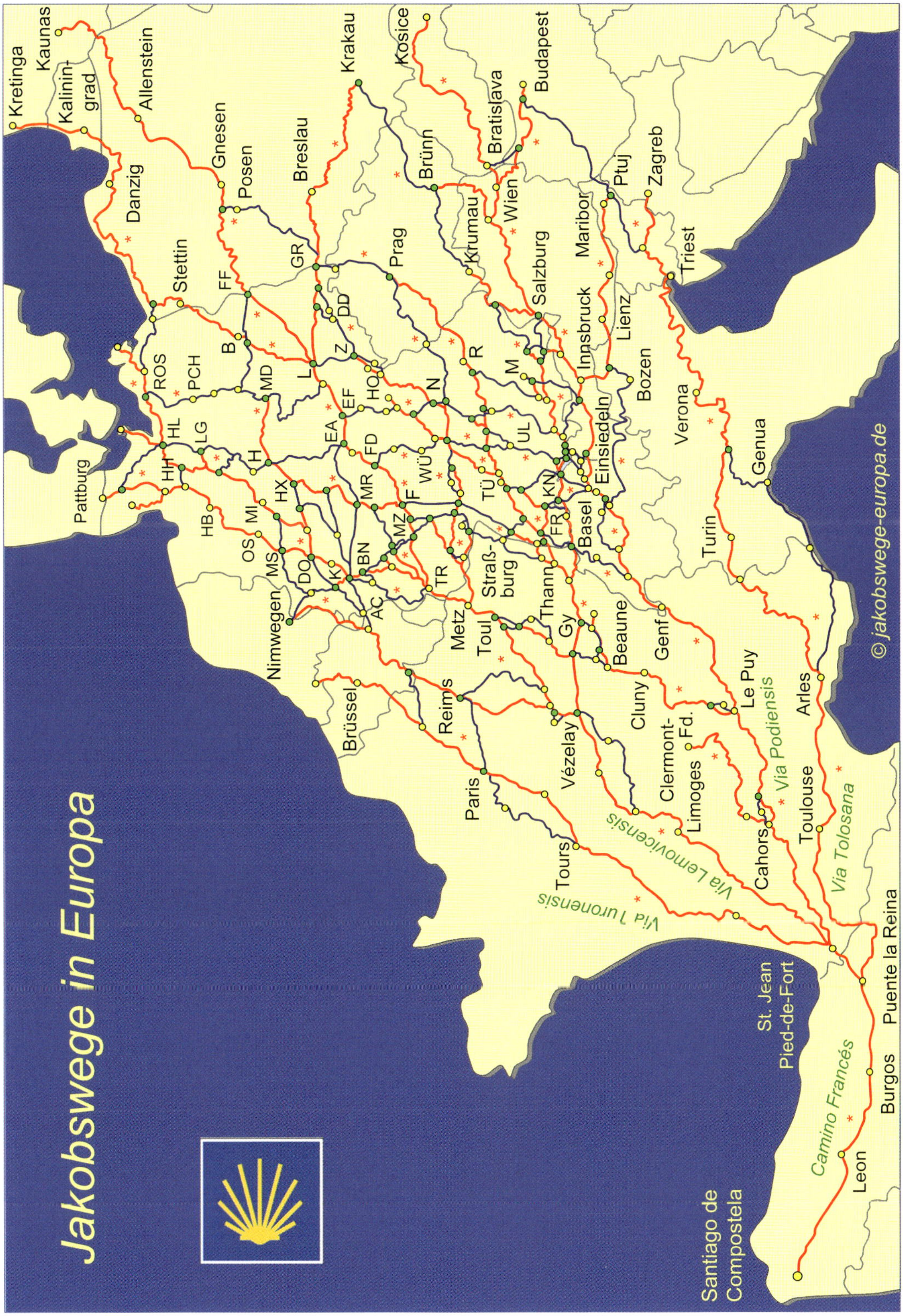

© https://jakobsweg-team.de